「人生案内」孫は来てよし、帰ってよし

大日向 雅美

はじめに

本書は「祖父母と孫の関係」について考える本です。少子高齢社会に入った昨今、祖父母の存在が注目されて、孫育てに関する本の出版が続いています。

しかし、本書はいわゆる孫育てのためのハウツー本ではありません。私が九年余り前から回答者を務めてきた読売新聞の「人生案内」に寄せられたお手紙を題材としています。

「孫は目に入れても痛くない」とよく言いますが、「人生案内」に寄せられたご相談の手紙には、愛に満ちた牧歌的世界とは真逆の世界が繰り広げられています。孫の誕生に始まり、成長の過程に居合わせた祖父母の胸中の何と寂しく、孤独と葛藤に満ちていることでしょうか。一方で子ども世代(孫の親)が味わっている戸惑いや理不尽な思いにも、考えさせられるものが少なくありません。「祖父母と孫」の関係は、けっして蜜月の関係だけではありません。「人生案内」を紐解く時、そこには「孫かわいさゆえ」の思わぬ落とし穴が随所に潜んでいることを思います。

孫の誕生は祖父母にとって、人生の第二ステージを彩る福音です。孫にとっても、祖父母は生きる支えと心のオアシスにもなる存在です。互いがかけがえのない大切な存在だからこそ、本書がその関係を大切にはぐくむための道しるべとなれば、幸いです。

目次

1　孫を迎える心得～「距離感」を大切に

2　孫を育てる心得 〜老賢者たれ　・・・41

1

孫を迎える心得

～「距離感」を大切に

孫は来てよし、帰ってよし

孫育てについて語る本書で、初孫が帰ってしまった寂しさを訴える祖母のご相談を最初に選びました。「孫はかわいい。でも、どんなにかわいくても、いつも・いつまでも一緒にいられるものではない」と自覚することが大切だと考えたからです。

孫は親（娘夫婦や息子夫婦）のもの。遊びに来ても、いつかは帰ってしまいます。寂しいですね。どんなに大切に思っても、しつけや教育方針の決定権は親にあります。祖父母は、ただ傍らで気をもむだけ。切ないけれど、これが現実です。だからこそ、孫にとって、祖父母は、悩んだり、疲れたり、ちょっとほっとしたい時に逃げ込める心のオアシスとして、大切な存在になれるのです。

しつけや教育方針の主導権は親。だから祖父母の視線にゆとりが生まれます。親は目先のことで子どもを追い詰めがち。だから祖父母は孫の救いです。遊びに来てもやがて帰る。だから孫と一緒の時間が輝きます。

再会を心待ちにしてくれる祖父母がいてくれる。だから孫も明日が楽しみになるのです。

こうしてみると、祖父母になるということは、「自制」の一言に尽きると言っても過言ではないかもしれません。目の中に入れても痛くないほどかわいい孫なのに、溺愛することは慎まなくてはならないのです。自分の子育ての時と違って、時間的にも、また経済的にもゆとりを持てている祖父母も少なくないことでしょう。気を緩めると、つい口も手も出してしまいがちになることを自覚する必要があります。

娘夫婦や息子夫婦は、これから自分たちで迷いつつも力を合わせて親となる道のりを歩もうとしているのです。これまで大切に育んできた娘や息子だからこそ、彼らが親として成長する行く手に立ちはだかるような真似は、厳に慎まなければなりません。

とはいえ、初孫の誕生に浮き立つ心に、どのように「自制」の二文字を注入したらよいか、これはなかなかに難題です。そのきっかけを考えさせてくれる相談事例を、次頁にご紹介いたします。

Point

「祖父母道」の第一歩は、溺愛できない寂しさに耐えることから。

相談

娘夫婦と孫が去り、寂しい

五十代半ばの主婦。とてもつらいことがあり、アドバイスをお願いします。
三十代前半の娘が出産のため、里帰りをしました。そして先日、私たち夫婦にとっての初孫が誕生、私たちと娘夫婦とで楽しく子育てをしてきました。でも、娘の産後の体調が落ち着いたため、孫をつれて家族で自宅に帰っていきました。娘はその後、孫の写真を送ってくれています。「月に一、二度は子どもを連れて遊びに行く」とも言ってくれます。それでも、にぎやかだった我が家が夫婦二人だけの生活に戻ってしまい、寂しくて仕方ありません。ベビーベッドがあった場所は広く感じ、ミルクの香りの染みついた孫の服を見ては、涙を流しています。夫も同様に、すっかり元気をなくしています。でも、子育てに奮闘している娘に、こんな弱音は吐けません。どのように気持ちを切り替えて生活していけばいいでしょうか。

（埼玉・F子）

回答

初孫のお誕生、おめでとうございます。母親となった喜びに包まれた娘さんと赤ちゃんを間近に見つつ、一家そろって過ごされたひと時は、どんなにか至福の時であったことでしょう。喜びが大きかっただけに、過ぎ去った後のむなしさもひとしおかと思います。でも、ここが親として我慢のしどころではないでしょうか。娘さんは今、慣れない子育てに戸惑ったり心細くなったりしながらも、自分の家庭を守り、母として、妻として、懸命に頑張っている時かと思います。また、ご両親の寂しさが十分わかっているから、忙しい子育ての合間を縫って、こまめに写真も送ってくださっていることと思います。これ以上の負担をかけないことです。離れていればこそ、互いに純粋に思いあえる良さを大切にしてください。

いつも案じてくれているご両親の存在は、初めての育児に奮戦している娘さんにとって何よりの心の支えになっていることでしょう。娘さんやお孫さんへの強い思いをさりげなく隠して、そっと見守る節度を持ったすてきなご両親の存在があればこそ、娘さんも母として立派に成長していかれることと思います。

孫育ては、子離れ・乳離れのチャンス

実の娘が母となった時、娘との距離をとるのがいっそう難しくなりがちです。娘には最大限の愛情を注いできたという自負があるからでしょう。掌中の珠のように慈しんで育てた娘だからこそ、一心同体のような思いを捨て切れない。何を聞いても、何をしても許されると錯覚しがちです。それが娘のためであり、孫かわいさゆえの言動だと信じ切っていればなおのこと、娘のほうも母親がいろいろとかかわることを歓迎していると思い込みがちです。

娘宅の留守中に、了承もなく合鍵を使って中に入って、掃除や洗濯、料理作りにもいそしんでしまう母親。そんな母親の援助は有難迷惑だと娘が言っても、耳に届かないばかりか、かえって恩知らずのように、逆切れしてしまう実母もいます。

ここにご紹介する三つの相談事例は、いずれも親の過干渉に悩みを深めています。日々の暮らしの細部にわたっていろいろと尋ねられることが苦痛でならないと言っています。もう少しそっとしておいてほしい、これ以上、無用な口出しで傷つけないでほしい、親に干渉されずに育児を楽しみたい、と言っています。娘の乳離れ宣言に他なりません。

本来であれば、こうした宣言はもっと早い時期になされているべきでした。精神的乳離れ・親離れは思春期から青年期に克服すべき課題です。それがなぜ今頃なのでしょう？

少子化の今、親は子どもに十二分に手をかけ、世話を焼いて育てています。かゆい所に手を届けるだけではなく、子どもが失敗したり挫折をしないように、先回り先回りして、環境整備に神経を使う親が増えています。ですからその娘が結婚し、母となってもなお、幼い頃の娘と同じにしか見えないのです。娘の行動をいちいち問いただすのも、娘の姿が園児や小学生の頃と変わらないからです。

その娘から、お母さんの手伝いが無用だとか、助言は有難迷惑だと言われたら、さぞショックでしょう。でも、そう言えるだけ娘さんは大人になったのです。今、親になろうとしているのです。祖母になったあなたと母となった娘さんは、今、大人どうしの関係を築くスタートラインに立ったのです。

Point

母になった娘は、もうあなたの幼い娘ではない。

人生案内 '11/04/11

相談

父母が干渉しすぎて、育児が楽しめない

三十代主婦。三年前に子どもが生まれました。実家の両親から「孫の声を聞かせてくれ」と毎日電話がかかってきます。一日に三、四回かかってくることも。めったに会えない孫の声を聞きたい気持ちもわかります。しかし、電話の度に「今どこにいて何をしているのか」「これから何をするのか」といちいち尋ねられることが苦痛でなりません。過干渉に思えます。電話が鳴る度に気持ちがめいり、嫌な思いを一日引きずってしまいます。その気持ちを母に伝えたところ、理解してくれて、母からの電話は減りました。しかし、気性の荒い父には怖くて伝えられません。やんわりと「電話が多すぎる」と言ったことがありましたが、逆切れされ大ごとになりました。しばらく父からの電話はなかったのですが、また元通りに。母も父には強く言えないようです。私の生活をもう少しそっとしておいてほしい。過度に干渉されずに育児を楽しみたいのです。(大阪・F子)

回答

孫の成長を楽しみにするお年寄りは珍しくありませんが、あなたの父親は孫かわいさはさておき、娘の生活に干渉しすぎるのが問題です。毎日電話の音が鳴る度にびくつき、電話を切った後も嫌な思いを引きずるとは尋常ではありません。長年連れ添った母親も父親を諭すことができないというのですから、あなたが毅然《きぜん》とした態度をとるほか仕方がないように思います。

例えば、電話はあなたや家族が迷惑を受けない時間にかけてくれるようはっきり伝えるべきです。恐らくお父様は激怒されるでしょうが、それで電話がかかってこなくなれば、それはそれで良しと考えましょう。相手にされない寂しさから、折れてくるかもしれませんが、その時もあなたの都合を優先して電話に応じれば良いと思います。もっとも、お父様は相当に気性の荒い人のようですから、こうした対応をとるにはかなり勇気がいることでしょう。でも、あなたはすでに親元を独立し、夫と共に家庭を築いているのです。今回の電話の件は、自分の家庭は自分で守るという覚悟が、あなたにあるかどうかが試されているのではないでしょうか。

相談

母が毎日訪れ、育児に口を出す

四十代前半の主婦。一年前に出産した長男の育児について、実母がことあるごとに口を挟み、困っています。育児の仕方が昔と今で違うと説明しても、母は「自分の方法が正しい」と怒ります。例えば、長男が四か月の頃、果汁を与えないように言うと、「あんたは飲んでも大きくなったじゃないか」とどなられました。それでも飲ませないように強く言ったら、母は長男に向かって「ママがダメだってさ。根性悪いね。意地悪なママよりおばあちゃんの子になりたいよね」と愚痴を言いました。母と距離をとろうにも、母は合鍵を使い、毎日勝手にやってきます。それをやめるよう伝えると、母は烈火のごとく怒ります。

長男をかわいがってくれるのはありがたいですが、最近は母の存在に恐怖すら感じます。自分がだめな人間のようにも思えてきます。一体どうすればいいでしょうか。

（埼玉・S子）

回答

娘が成人して母となった後に実母との関係に苦しむ事例が、最近とみに増えています。祖母世代が元気いっぱいで、エネルギーを孫育てに投入してくるからでしょう。育児を手伝ってくださるのはありがたいことですが、実母の来訪が恐怖に思えるとは、問題が深刻です。こうした事例の多くは、子ども時代から母親が何ごとにも指示的で、娘も自立心を持てない場合が大半です。でも、あなたは違いますね。自分の育児方針をしっかり持ち、それを母親にも伝える努力をしていて立派です。問題はお母様が何を言っても聞く耳を持たずに怒り狂うことですが、恐らくあなたが自分の意見を言うことへの驚きとそれを受け入れがたい思いからの怒りかもしれません。お母様も子離れの苦しみを味わい始めているのではないでしょうか。

この勝負はもう少しの辛抱です。適切な距離感を大切にした母娘の関係を作るためにも、「素直に従う良い娘」を返上するチャンスです。あなたはご自分では気づいていないようですが、子育てをめぐるお母様との葛藤を機に、母として、また一人の自立した女性としての一歩をたしかに踏み出しています。自信を持ってください。

相談

母からの暴言に、耐えられない

三十代の主婦。実母の発言にストレスがたまり、爆発しそうです。

私は昨春に結婚しましたが、夫と相談して披露宴を行いませんでした。ところが母は「披露宴をできない理由でもあるのか」と暗に〝できちゃった結婚〟を疑う発言を繰り返しました。

その後、私たちは子どもを授かりました。母が孫をかわいがってくれるのはいいのですが、私が買った肌着を見て「こんな安物じゃだめよ」と言って、自分が買ってきた肌着を着せます。さらに「子どもが生まれたことを親戚には言っていない。でき婚じゃないかと勘ぐられたら困るから」などと言います。母は「あんたたちのやり方に口は出さない」と話しています。人を傷つけていることに、まったく気づいていません。

（大阪・J子）

回答

最近は娘が母親との関係について悩みを訴えるケースが増えています。一般的に母娘の関係は嫁姑関係と異なって、姉妹のように趣味やショッピングを楽しみ、互いに相談相手と頼むなど、親密な関係がイメージされるのではないでしょうか。

仲の良い母娘ももちろんたくさんいるでしょうが、他方であなたのように母親の言動の一つ一つに不快感とやり場のない憤りを覚えるという関係も少なくないのです。母娘関係に亀裂が生じる場合の多くは娘が結婚や出産という人生の大事な岐路に差しかかった時です。娘が社会人や親として自立しようとする時に、母親が干渉を強めるからです。一方、母親の干渉に娘が一喜一憂するのは乳離れができていないからでしょう。子離れ、乳離れの必要性は頭ではわかっていても、実行は難しいものです。あなたの母親は「あんたたちのやり方に口は出さない」と節度を持った心構えはお持ちのようですから、母親の子離れが先かあなたの乳離れが先か、心の中でひそかに競争する気持ちで接してみてはいかがでしょう。母親の干渉を笑って済ますことができるようになったら、あなたの勝ちですよ。

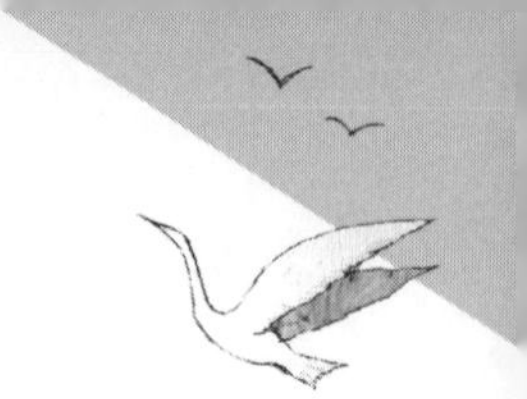

助言と愛情の押しつけは、有難迷惑

いつまでも子離れできない親は少なくありません。結婚しても、子どもの暮らしぶりが頼りなく思えて、何かと干渉をするのも、親の常。まして孫が生まれると、育児の一つ一つが気になって仕方がない祖父母も少なくないことでしょう。

「そんな薄着をさせて、風邪でもひかせたらどうするの！」「首の据わらないうちに出歩いて、大丈夫なの！」「いつまでも母乳をあげているから、体重が増えない！」等々、心配の種はつきません。

いっそのこと、こちらで預かってあげたら、どんなことでもしてやれるのに…。このままでは孫がかわいそう…。孫の世話は大変でしょうが、そこは今の祖父母は若くて、パワーに溢れた人がたくさん。孫のためならなんのそのなのです。

かくして孫の世話を買って出るようになります。当初は親も助かります。でも回を重ねるごとに複雑な思いにかられます。なぜなら、祖父母は孫の世話に長《た》けてきて、自信を深め、何かにつけて指示を連発し始めるからです。親と方針が異なろうとも、聞く耳を持ちません。

なぜなら、善意でやっていることだから。孫のために良かれと信じ切っているからこそ、有難迷惑に思う嫁や娘の渋い顔が目に入らなくなります。

「孫がかわいそう」という言葉を、あたかも水戸黄門の印籠のごとくかざすようになったら、手助けの域を超えた過干渉に他なりません。どれほどこの言葉に、親が自信を喪失させられることでしょうか。

さらに厄介なことに、孫が祖父母になつきます。親以上になつくことも。「おじいちゃん・おばあちゃんのお家のほうが、うちよりいい！　ママより、おじいちゃん、おばあちゃんが好き」などと孫が言い始めた時には、手助けが過干渉の域に入ったことを知らせる赤信号です。仮にその親がお嫁さんだったら、どれほど傷つくことでしょう。娘であれば、祖父母は自分の親ですから、傷はまだ浅いかもしれません。それでもわが子に愛情を持てなくなってしまったという事例もあります。

Point

手助けも出すぎると百害あって一利なし。

相談

義父母に子どもをとられそう…

0歳から小学二年まで四人の子を持つ、三十代専業主婦。近所に住む義父母に、子どもをとられるような気持ちになることがあります。

母乳派の私に対し、義父母は第一子の出産直後から「母乳だと子どもを預かれないから、ミルクもあげて」と言いました。公園や児童館に連れて行こうとすると、「砂場や児童館は汚いし、風邪をうつされる」と嫌な顔をします。以前に子どもが風邪をひいた時は、「スーパーに連れて行ったのが悪かったのでは」と、原因を追及されました。

子どもを預けるとなかなか返してもらえないし、子どものことをよく「かわいそう」と言うので、母親としての自信をなくします。夫は義父母を信頼し「任せればいい」と言います。子どもたちも義父母を慕っています。ぜいたくな悩みだと思いますが、素直にうれしいという気持ちになれません。（神奈川・R子）

回答

手のかかる盛りのお子さん四人のお世話は、どんなにか大変かと思います。義父母はあなたを助けたい一心なのだと思います。お節介にすぎる面は困ったことですが、自分たちの行為が善意と親切心からだと信じて疑っていないのでしょう。

そんな義父母とうまくつきあっていくためには、最初は難しくても、義父母に遠慮せずご自分の考えをよく伝える必要があります。手伝ってほしいこととあなたに任せてほしいことを丁寧に、しかし毅然《きぜん》と伝える勇気を持ちましょう。義父母が不機嫌になるかもしれませんが、それを恐れていたら、何も変わりません。ただし、ご自分の意見を伝える際には、義父母の日頃の援助に心からの感謝の言葉を忘れずに。夫に味方になってもらうためにも、これは必要なことです。また児童館や子育てひろばに誘って、子どもが楽しそうに遊ぶ姿を見せる工夫もしましょう。「かわいそう」を連発されたら、「私、母親の自信が持てなくなりそう」と悲しげにつぶやいてみることです。ここまで孫を見てくれるのですから、義父母は情の濃い方々でしょう。上手に甘えながら、焦らず、ご自分の子育てのやり方を築いてください。

相談

子育てに介入する姑

三十歳代女性。産後は夫婦二人で頑張るつもりでしたが、姑の強い申し出に根負けし、自宅に手伝いに来てもらうことになりました。昨夏のことです。

最初は感謝の気持ちで、多少すれ違いがあっても目をつむろうと決めていました。ところが、冷房は体に悪いとつけさせてもらえず、母乳で頑張ろうと思っているのに「ミルクに切り替えるもの」と持論を展開。「抱き癖は祖母の私がつける」と言って、子どもをなかなか返してくれませんでした。子どもには、「こんな怖い母親にあなたはついていかないといけないの。かわいそうに」と話しかけます。

年代で子育てに対する考え方が違うことを説明しましたが、わかってもらえませんでした。姑が帰っても、いまだに私の心は休まらず、時々届けられる子ども服などの贈り物にも感謝できないでいます。

（東京・F子）

回答

産褥《さんじょく》期は母体のホルモンバランスが大きく変動して、何かと体調が優れない時期です。初めての育児で、赤ちゃんの扱いにも緊張を強いられますので、母親は心身共に過敏になりがちです。そのような時に配慮を欠いたお姑さんの介入があって、さぞ神経をすり減らされたことでしょう。

でも姑は夫の母。義理の関係とはいえ、あなたにとっても母にあたる人です。他人であればクールに割り切った交際ができても、夫を大事に思えば、末永くつきあわなければならない関係ですから、上手に対処する知恵が必要です。例えば①問題を深刻に受けとめすぎない②自分の育児方法を大事にしつつ、姑世代の考え方にも耳を傾ける③うれしくない贈り物であっても、孫かわいさゆえのことと考え、感謝の気持ちを必ず伝える…等々です。最初は気が進まないことでしょう。しかし、相手を思いやる態度をとり続けるうちに、互いにほどよい距離感がつかめ、姑もあなたに一目を置くようになるのではないでしょうか。時を重ねながら関係を紡ぐことができるのは、親子の関係ならではの妙味と言えるように思います。

相談

「姑に悪気はない」と夫は聞く耳を持たず

三十代の主婦です。長男の育児について、姑があれこれ言います。

姑は、私の夫を粉ミルクで育てたそうで、夫もミルクをたくさん飲んだそうです。長男は母乳と粉ミルクの混合で育てていますが、粉ミルクはあまり飲みません。姑は「息子のほうが大きかった。孫は小さい」と言うのです。ショックでした。身長、体重も問題なく、順調に育っているのに、ひんぱんに電話が来るので、気が重いです。昔と今では育児法は違うし、何かと押しつけてくるのは、はっきり言って迷惑です。

夫は「悪気があって言っているんじゃない」と言い、聞く耳を持ちません。これから姑とつきあっていく自信がありません。

（岩手・K子）

回答

相手の立場に立って問題を解決するのが人間関係をスムーズに運ぶ鍵ですが、実際はそれがなかなか難しいものです。特にお姑さんのように、自分のやり方が正しく、それで成功したと考えている人は、相手の意見を聞く耳は持ちづらいようです。まして孫のためを思って言っているとの自負もおありでしょうから、あなたも大変ですね。こういうタイプの年長者に正面から対決するのは得策ではありません。あなたはお子さんの成長に自信がおありなのですから、どっしりと構えていましょう。お姑さんが電話をかけてくる前に、あなたから相談を持ちかけて姑のやり方に学ぶ姿勢を見せたり、「健診に行ったら、保健師さんから順調に育っていると言われました」という形で反論を試みるのも一つの方法です。

夫にしてみれば、絶えず妻から自分の母親の悪口を聞くのはつらいことでしょう。姑に悪気はないと言われたら、「そうね」と素直にうなずいてください。もっとも、いつも良い妻を演じていてもいけません。時には「もっと私の味方になって！」とかわいく爆弾を落としてみてはいかがでしょう。

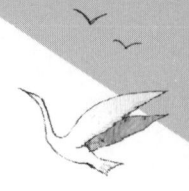

孫育てに熱中しすぎて、祖父母の夫婦関係にひび

孫が生まれて、俄然張り切るのは祖母。子ども夫婦への援助にも夢中になります。その結果、自身の夫婦関係にひびが入らないとも限りません。孫育てと娘（息子）夫婦一家への支援に献身的に尽くすあまり、傍らで苦々しい思いで見つめる夫の存在が目に入らなくなってしまうからです。

最近、そうした事例が増えています。定期券を購入して、毎朝五時に「出勤」。娘の家に着くなり、朝食の準備にいそしみ、車で娘を駅まで送り、孫の保育園の送迎役を務めている祖母。娘のアメリカ留学に、孫の世話係として一緒に渡米した祖母。いずれも夫（祖父）は置き去り状態です。なぜ、ここまで孫育てや子ども夫婦に献身的になるのでしょうか。なぜ、第二の人生を妻（祖母）と共に送りたいという夫（祖父）の願いに、妻が無頓着になれるのでしょうか。夫（祖父）が痛々しく思われますが、実はこうなるまでの結婚生活を彼は反省すべきです。長年連れ添った妻たちの声を聞いていると、「子育てがどんなに大変な時でも、夫は何も協力はしてくれなかった」「いつも頭の中は仕事のことばかり。たまの休みの日はゴルフざんまい」「私が病気でも、平然と自分だけ外食をして、それで協力しているつもりになっていた」等々、夫に対する妻の恨み節は尽きません。「砂をかむような思いの結婚生活の中で、唯一の救いは子どもの成長だけだった」「子どもだけが生きがいだった」。そんな思いを胸に秘めて生きてきた妻たち。今さら一緒に温泉旅行や外食を楽しみたいと言われても、そんな気持ちにはなれないというのが本音でしょう。

妻（祖母）の気持ちは痛いほどわかります。でしたら、同じ轍を娘夫婦に踏ませてよいのでしょうか？　共働きはもちろん大変です。でもそれは夫婦で力をあわせて、乗り越えなければならないはずです。時には疲れきって、どちらが夕食の支度をするかと、ケンカを繰り返しながら、二人は親になり、夫婦の時間を積み重ねていくのです。そこに祖母が介入しすぎたら、娘もまた育児をしない夫との溝に苦しむことになるでしょう。

前述の定期で通っている女性に、娘さんのパートナーは朝、何をしているのかと聞いたところ、「娘が出勤の時はまだ、寝ています」ということでした。

Point

祖父母の第二の人生は、夫の謝罪と妻の寛容で。

相談

娘一家の面倒を見すぎる妻

六十代、無職男性。妻が近くに住む娘一家の面倒を見すぎで、やめさせたいです。娘夫婦は共働き。妻は毎朝、車で娘の家に行き、一歳の孫を連れ、ごみや洗濯物を持って戻って来ます。孫の相手や娘一家の洗濯をし、娘夫婦の夕食も作ります。娘は我が家に寄って夕食や入浴を済ませ、婿の食事を持って孫と帰宅します。こんな生活が平日ずっとで、土日も続くことがあります。

我が家は年金生活ですが、娘一家の世話に月数万円かかります。娘夫婦の収入は私より多いのに、向こうの生活費を負担するのはおかしいと感じます。でも妻は「孫を世話できるのは幸せ」と満足している様子です。私の親族や元同僚に相談したら、多くが「世話しすぎ」「娘さんが甘えすぎ」との意見でした。でも妻にやめろと言ってもケンカになるだけ。四十年以上働き、退職後は妻と旅行や食べ歩きの夢を持っていたのに、現実は近くの温泉にすら行けません。

（栃木・G男）

回答

老後の生活設計をなおざりにして、娘一家の支援に夢中になっている奥様はたしかに困ったものです。一方、定年を迎え、年金暮らしに入っている親に、現役時代と変わりなく甘え続けて、親の負担には一切無頓着な娘さんの態度も、私はおかしいと思います。しかし失礼を顧みずに言えば、妻と娘が互いにここまで依存しあうようにさせた一因は、あなたにもあるのではないでしょうか。定年を迎えた夫婦が埋めようもない溝を深めている事例が近年増えています。夫が家族のために懸命に働いてきたことは確かですが、他方で仕事にかまけて妻や子としっかり向きあうことをしてこなかったつけが、定年後の家庭内の孤立につながっているようです。

しかしあなた方にはこの先、たっぷり時間があります。今からでも遅くはありません。周囲の方にあれこれ相談する前に、まず奥様としっかり話し合うべきです。夫婦そろって健康で老後を迎えられたのは、何物にも代えがたい幸せです。その幸せを守るためにも、第二の人生は共に歩みたいという気持ちをはっきりと奥様に伝える勇気をお持ちになってください。

踏み込みすぎていないか、要チェック

孫のためを思えばこそ、自分の人生経験を伝え、生かしてもらいたい…。孫がかわいい。ただそれだけの思いなのに…。なぜ娘夫婦や息子夫婦はわかってくれないのか、なぜささやかな祖父母の願いを受け入れてくれないのか？

孫の誕生をみんなで喜びあった日から、さほど多くの時間が流れていないのに、気がつくと子ども夫婦との間に気まずい空気が流れ始める。そんなことがよくあります。

いったい、何がいけなかったのでしょうか？　理由はさまざまです。一概に祖父母に非があるとは言えません。また、子ども夫婦にも問題がないとは言えません。ただ、祖父母世代に振り返ってみるべき点があるとしたら、孫を思う「善意」、そして自身の「経験知」への自信です。

この二つは、祖父母の特権です。伝家の宝刀です。大事にしていただきたい。でも、乱用は厳に慎むべきです。使わずに飾っておいてこそ、宝刀です。

ところが、祖父母はとかく乱用しがちです。なぜなら、孫を前にすると、「善意」と「経験知」の二つが同時に稼働し、人としての「謙虚さ」を見失うからです。

孫を思う「善意」は、やがて「孫を愛する自分の気持ちほど純粋なものはない！」という確信となります。この確信に、長年、仕事や子育て、地域活動等で積み重ねてきた「経験知」への自信が重なると、「独りよがりの亡者」ができあがってしまうのです。

孫の命名から始まって、しつけや教育全般に口を出すようになります。本来は親である娘夫婦や息子夫婦が決めるべきことにまで、口を出す。そして、思い通りにならないと、「どうしてわかってくれないの…」とつぶやき始めるのです。

自分の考えや生き方、孫を思う気持ちはだれにも負けない、と思っている祖父母は、いったんその気持ちにフタをするのが賢明です。「善意」と「経験知」に自信がある祖父母ほど、子ども夫婦にとって、厄介なものはないということを知るべきです。自分が考えていること、見えていること、願っていることがすべてではない、正しいとは限らない、人がみな同じことを考えているとは限らない、と悟ることです。つまり「謙虚な年寄りになる」。これが、だれからも愛され、感謝される「祖父母道」です。

Point

謙虚な年寄りになる。

相談

子どもの名前を夫婦でつけたい

二十歳代既婚女性。まだ子どもはいません。夫の親類には名づけに詳しい人がいて、親類で子どもが生まれると、すべてその人が命名していることを最近知りました。夫もいとこもみな名づけたそうです。人名には使わないような難しい漢字の名前もあります。その人には親類一同頭が上がらないようで、義父も「我が子に命名できなかった」と言います。

夫は「私たちの子は私たちで命名しよう」と言ってくれますが、実際に妊娠した時、夫がしっかり断れるか不安です。また、その人が命名しなければ義父母がつけたがるでしょう。日頃の言動からわかります。

子を授かっていないうちからこんな相談をして恥ずかしい限りですが、ずっと悩んでおります。我が子の名前は呼びやすさなどを考えて夫婦でつけたい。そう思うのはぜいたくなのでしょうか。

（山梨・U子）

回答

名前は固有の人を識別する大切な符号です。子どもは日々名前を呼ばれながら自分が自分であることを認識し、親は子の名を一日に何度となく口にしながら慈しみ育てていきます。親であれば、生涯にわたってつきあう子の名前に、精一杯の思いを込めて命名したいと願うあなたの気持ちに私も賛同いたしますし、第三者に得心のいかない名前を一方的につけられることは我慢できないことでしょう。

ただ夫の実家の人々の間で行われてきた命名の習慣もあながち異様とは言えません。昔からどの地域にも高僧や地域の識者に命名を依頼する風習がありました。名前には本人の人格や運命を左右する力があると信じられていて、子どもの人生の幸せを願う人々の習わしとなってきました。こうした命名の習慣や名づけにかかわりたいと願っている義父母の思いにも一定の理解を示す心遣いは必要でしょう。

しかし、古くからの知恵や伝統を尊重しつつ、親の理想や新たな息吹を吹き込んで、自分なりの方法を模索するのが親となる道です。多少の波風を恐れず、夫婦で心を一つにして義父母や親類の説得に当たってください。

人生案内 '09/04/06

相談

孫たちは同じ幼稚園に入ってほしい

六十歳代女性。会社経営者。夫は二か月前に亡くなりました。息子も娘も結婚し近所に住んでいます。同い年の幼い孫がそれぞれにいて、成長がとても楽しみです。私は息子とうまくやっており、嫁にも愛情をかけているつもりです。もちろん娘にも同じように愛情をかけ、「家族みな仲よく」と常日頃から思っています。二人の孫は来年から幼稚園に入ります。この地域では多くの園の運動会やお遊戯会が同じ日に一斉に行われます。そこで「ぜひ同じ幼稚園に入れて」と、娘と嫁に頼んでいるのですが、二人とも理解を示してくれません。私は孫二人の姿を同じように見たいだけなのです。この話をしてから、二人は家に寄りつこうとはしません。

私の言っていることはわがままなのでしょうか。本当に悲しいです。毎日悶々《もんもん》とした気持ちでおります。

（東京・S子）

回答

お孫さんがかわいくて、いつも家族仲よく一緒にと願うあなたのお気持ちは、よくわかります。ただ親も幼稚園を選ぶには、教育方針や通園の便利さを調べ、子どもが楽しく通園できるか等々考えて決めることでしょう。年に数回の行事の際、同時に両方の孫の姿を見たいという理由で同じ幼稚園への入園を強く勧めるのは、あなた本位にすぎるのではないかと思います。

娘さんも息子さんもそれぞれ伴侶を得て、独立して一家を構えています。配偶者の希望も考慮すれば教育方針も違って当たり前です。常日頃親しく行き交っていても、互いに遠慮や我慢もあるでしょう。幼稚園まで一緒で、子どもが比較されたりしてはかなわないとの気持ちもあるかもしれません。会社経営者のあなたはこうした人間心理の機微に長《た》けておられるでしょう。指示命令すべきところと黙って見守る区別もおわかりのはずです。お連れ合いを亡くされてまだ二か月。悲しみが一番深い頃かと思いますが、お子さんやお孫さんが近くにいる恵まれた環境に感謝し、密着しすぎないよう、適切な距離感を大切になさってください。

人生案内

'09/06/02

相談

ひ孫の散歩を断られ、玄関に鍵

七十歳代後半女性。夫を亡くして一人暮らし。息子の嫁はいい人です。互いに譲り合い、三十数年間言い争いをしたことがありません。相談したいのは、孫の嫁のことです。遠くから嫁に来てくれたので、私は寂しいだろうと思って、これまでいろいろ気を使って彼女と仲良くしてきました。ひ孫も生まれ、今はハイハイしています。

ところが先日、近所で花がきれいに咲いていたので、ひ孫を乳母車で連れて行ってもいいかと彼女に聞いたら、「風邪気味だからだめです」との返事。玄関にも鍵がかけられていました。

私なら押し売りが来た時でさえ、鍵を閉めるようなことはしません。情けなく腹の虫も治まりません。ストレスで胃が痛みます。こんな私にアドバイスをお願いします。一日も早くお答えを。ひ孫に会いたいです。

（兵庫・R子）

回答

あなたはこれまで家事も育児も立派にこなし、お嫁さんともケンカ一つすることなく上手につきあってこられた由、なかなかできないことです。八十歳を間近に控えて自立した生活をしながら、遠方から嫁いでくれた孫のお嫁さんに感謝し、ひ孫にも心配りを忘れないのは本当に行き届いた方です。こんなに心優しい曾祖母がひ孫のためを思って折角散歩に誘ったのです。あなたがどんなに悲しく情けない思いをしたか、無用な我慢はせず、ありのままに伝えても良いのではないでしょうか。

ただ、人格者でいらっしゃるあなたにこのような助言は無用かとは思いますが、話し合う前に彼女の気持ちを今一度想像してみることも必要かもしれません。あなたが親切でしてきたことでも、若い彼女には無用な干渉に思えたことはなかったか。断りたくても断れず我慢を重ねてきたところに、本当に子どもが風邪をひいて、上手に断る余裕をなくしていたのかもしれません。ひ孫の養育はまず母親の考えを大事にし、遠くから見守る程度で良い場合もあるように思います。距離を置く分別も、豊かな経験あってのことと思います。

2

孫を育てる心得

〜老賢者たれ

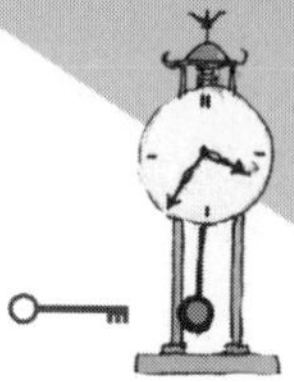

孫の世話は本当に大変です

孫は健やかに、のびやかに育ってほしい。どの祖父母にも共通の思いでしょう。我が子の時も同じように願いながら子育てに奮闘したはず。でも孫に寄せる思いは、それとはやや異なります。我が子の時は無我夢中のうちに、一日が過ぎていきました。仮に思い通りにならないことがあったとしても、いえ、思い通りにならないことのほうが多くて、我が子の育ちを、じっくり案ずるゆとりもなかったかもしれません。言うことをきかない、悪さをするのは、子どもの専売特許です。案ずるよりも、苛立ちと怒りの感情が先に立って、毎日が過ぎていく、これが親の子育ての定番と言ってもよいかもしれません。

そんな子どもも、孫となると、ただ愛おしい。離れていればこその愛おしさです。もっと甘えさせてやりたくても、親の手前、それができなくて不憫でならないという人もいます。

また「聞き分けがない時でも、優しく慰める」ことができるのも、祖父母ならではのこと。ただし、それは祖父母なら、だれでも「普通」にできることでは、実は、ありません。立場や置かれた環境によっては、祖父母も親と同じく、苛立つのです。

ここでご紹介する祖母は、離れて暮らす四歳の孫が泣きやまないことに胸を痛めています。孫が泣くと、義父母が「うるさい」とか「そんなに泣くなら出て行け」と叱りつけることに憤慨しています。たしかに、義母の態度は、幼い子が泣いている時の対応として、望ましいものではありません。でも、そう言わざるを得ない環境で義父母は暮らしているのではないかとも思われます。年をとると、体力も衰えて、我慢する気力も萎えます。

遠く離れて、泣きやまない孫の胸の内を案じる祖父母。他方で耳をふさぎたくなる距離で泣かれて、苛立つ祖父母。どちらも祖父母の真の姿なのです。聞き分けのない孫に苛立ったとしても、けっして自分は「普通」の祖父母ではないと、思いつめる必要はありません。先日、知人から葉書が届きました。娘さん夫婦とお孫さんと同居を始めたことを知らせてくださった最後に、書かれていた言葉は、「孫の世話は本当に大変です」でした。それでも、祖父母は孫のために、優しい存在であってほしいと思います。そのためには、優しくなれるための環境を確保することが必要です。かかわりすぎないように、逃げ場をもっておくと良いでしょう。

Point

祖父母特有のゆとりを持てる環境整備を。

相談

四歳孫娘が泣きやまない

六十代主婦。今春から幼稚園に通う四歳の孫娘は、自分の思い通りにならないと泣いて手がつけられなくなります。母親である私の娘も困り果てています。

娘は二年ほど前から義父母と同居しています。娘は孫娘をよく叱るのですが、困るのは、義父母も一緒に「うるさい」「そんなに泣くなら出て行け」と孫に怒るらしいことです。孫はそんな風に言われて余計に泣いてしまいます。

孫娘の下にもう一人、二歳になる孫もいますが、この子も義母を真似て、姉である孫娘に「出て行け」と言うらしく、教育上よくないと思います。普通のおじいちゃんやおばあちゃんは、孫を優しく慰める存在ではないでしょうか。

孫娘の件で心療内科に問い合わせましたが、幼すぎて診てもらえませんでした。どうしたら良いか、アドバイスをいただきたいです。

（兵庫・C子）

回答

子どもの泣き声を聞くのはつらいですね。かわいそうで何とかしてあげたいと思う一方、泣きやんでくれないと腹立たしくなるのもわかりますが、一番つらいのは泣いている子ども自身です。訴えたいことがあるのにわかってもらえず、逆にきつく叱られて、小さな胸は切なさと理不尽な思いで一杯になっていることでしょう。「何か嫌なことがあるのね」と、優しく背中をさすりながら、気の済むまで泣かせてあげるよう、娘さんに伝えてください。

お孫さんの激しい泣き方は生まれながらの気質もあるかもしれませんが、幼稚園入園で環境が変わったことも、原因ではないかと思います。下のお孫さんは手のかかる盛りでしょうから、親を弟妹にとられた寂しさも味わっているはずです。さらに娘さんにも義父母との同居からくる緊張があるのではないでしょうか。四歳ともなれば母親のストレスを敏感に察知します。娘さんが里帰りをした時など、下のお孫さんをあなたが預かって、娘さんが上の子とゆっくりできる機会を作ってあげることも効果があるように思います。

孫育ては、祖父の人生ルネッサンス

ここで取り上げるのは、二歳児のかみつきについてのご相談です。私は発達心理学の観点からお答えしましたが、実はこのご相談には別の観点から興味を持ちました。相談者が六十代の男性だということです。この男性は、ご自分のお子さんが何人なのか、このお孫さんは娘さん夫婦の孫なのか、それとも息子さん夫婦の孫なのか、語っておられません。ご自分のことは一切語らず、ただお孫さんのかみつきについて、心配をしておられます。

おそらく、祖父になって初めて、幼い子どもの姿に接した方なのではないかと思われます。長年、真面目に仕事に励んでこられた方ではないかとも、想像されます。お孫さんの様子について、とてもしっかり観察し、正確に描写されているからです。優秀なビジネスマンだったのではないでしょうか。こうした男性が、孫育てに足を踏み入れてくださっているのです。いいなあと思ったのが、お手紙を拝見した第一印象でした。

でも、いいなあと感心ばかりしてはいられません。孫育てに、文字通り「まごまご」している初老の祖父たちが、全国にたくさん出現し始めています。どうしたらよいでしょうか？

まず、妻に素直に尋ねてみることです。「うちの子の時は、どうだった?」と。もちろん、妻の第一声は恨み節かもしれません。「うちの子も、こんなこと、しょっちゅうだったわよ。あなたは何にも知らないの? そうよね…、育児には全然協力してくれませんでしたものね!」。痛烈なパンチです。一切抵抗せず、しばしうなだれることです。そういうあなたの姿を見て、妻は内心、うれしいはずです。ようやく私の苦労をわかってくれた! この先、孫育てを仲立ちにして、会話も豊かになっていくかも…と、かすかな期待を持つかもしれません。

教えを乞う相手は妻だけではありません。保育園の先生にも孫の送迎の機会に話しかけてみてください。若い先生にとっても、人生経験豊かな祖父世代の男性との会話は貴重な機会ですし、勉強になるはずです。祖父が孫育てにまごまごしたり、わからないことがあっても当然! と自信を持って、孫をテーマに、妻や保育園の先生との会話を楽しみましょう。

なお近年は、どの自治体も子育て関連の講座をたくさん開催しています。市区町村が発行している広報誌にはそうした記事が載っていますから、是非参加してみてください。

Point

祖父が不慣れな孫育てに〝まごまご〟するのもまたよし!

人生案内

'09/11/04

相談

二歳半の孫が人をかむ

六十歳代男性。二歳六か月の孫が、最近やたらと人にかみつき、心配しております。

孫は共働きの両親と三人暮らし。0歳の時から保育園でお世話になっております。先日、年少の園児にかみつき、けがをさせてしまいました。その後も、親や、私たち祖父母にもかみつくことがあります。その都度、かんではいけないと言い聞かせております。悪いことをしたと本人は理解しているようですが、また繰り返してしまうようです。

氷を砕くほど、かむ力があり、このままでは相手に大けがをさせてしまうと心配です。原因は何でしょうか。どうしたら、やめさせられるのでしょうか。孫は普段は元気に過ごしており、人見知りもしないタイプです。

（茨城・F男）

回答

小さい子どもの世界では「かみつき」は頻繁に見られますが、原因から見て主に二つのタイプがあります。まず一つは言葉が未発達な年齢でのかみつきです。一～二歳になると、自分はこうしたいとか、このおもちゃで遊びたいという欲求が芽生えてきますが、うまく言葉で伝えられないことが多く、かみついて自分の意思を通そうとします。従って、この場合は言葉が発達すれば自然と収まります。

しかし、コミュニケーションがある程度できる三～四歳以降でかみつく場合は、ストレスが原因の場合が少なくありません。かむ力も相当に強いために親も深刻に悩み、きつく叱りがちです。しかし、子どもは叱られて悪いことをしたと一応理解はしても、ついかんでしまうほどの不安や苛立ちを抱えているのです。一方的に叱らず、悩みの原因を見落とさないよう注意を払ってください。

お孫さんは年齢的に二つの時期のはざまですが、心のＳＯＳを「かみつき」で発信している可能性も考えられます。家庭や園での生活に問題がないか、園の先生に尋ねたり、ご家族でチェックする機会を持ってみてはいかがでしょうか。

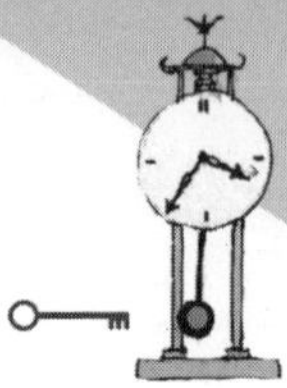

年輪は必ずしも人格を保証しない

孫は目に入れても痛くないと言います。我が子の時は、子どもの成長をゆっくり楽しむ暇もなく、先々を思い煩いながらも一日一日をすごすのに精一杯というのが、親の実感でしょう。一方、孫育ては子育てと違って、責任感も重圧感も薄らいで、ただただかわいいというのが通説です。日ごとに老いていく我が身に比べ、幼い命がすくすくと育っていく姿に励まされ、日々の生活に潤いを見出す人も少なくないことでしょう。

ただし、孫はかわいいばかりとは限らないと、覚悟をしておくことが大切です。「ばあば」「じいじ」と片言で話し始めるまでは天使だった孫が、ほどなく、その愛らしい口からなんとも憎らしい言葉を発し始めたりします。折角かわいがってやろうとしているのに、「やだ。ママじゃないとだめ。ばあば(じいじ)は、あっち行け」なんて言い出されて、歯ぎしりするほど悔しさと挫折感を覚えることも。いわゆる幼い反抗期が始まる二歳頃から、徐々に言葉も巧みになり、反抗も手ごわくなります。

そんな孫を前にして、嫣然《えんぜん》と微笑んでいられる人はどれほどいることでしょう。悔しいですね。その孫が息子夫婦の孫だったら、「嫁のしつけがなっていない！」などと、八つ当たりもしたくなることでしょう。

でも、こんな時こそ、祖父母の貫禄の見せどころです。どんなに悪態をつかれても、「憎まれ口をきけるまで大きくなったものだ」と、ゆったりと構えていられたら、ベストです。そんな祖父母だったら、やがて孫はまた慕い寄ってきます。

間違っても、対等にケンカをしてはいけません。そんなことをしたら、それこそ祖父母の威厳が台無しです。

とはいえ、祖父母も人間。憎らしさを覚えるなというのも無理でしょう。その時こそ、祖父母の立ち位置の特権が生きてきます。つまりしばらく孫のことは忘れていたらいいのです。そんなこと、親はできませんが、祖父母には許されるのです。久しぶりに会えば、孫は再び天使に。幼い孫に腹を立てた我が身の年甲斐のなさも、笑えることでしょう。ここにご紹介する相談事例は、孫に密着するあまり、対等にケンカをしてしまう祖母です。反面教師としていただければと思います。

Point

孫の憎まれ口にも悠然と。それこそ祖父母の貫禄です。

相談

四歳の孫と本気でケンカ

三十歳代主婦。四歳の娘と二歳の息子がいます。娘と、私の母の折り合いが悪く悩んでいます。

実家は近くにあり、母は週二回ほど泊まりに来ます。昨年くらいから、娘は母に反発するようになり、母もそれに本気で怒り、ケンカになるのです。先日も母が作ったオムライスを「おいしくない」と食べず、母も「もう絶対作らない」と大声を出しました。母は人の言葉を過剰に悪く受け止める傾向があります。四歳の子どもの言葉にいちいちカリカリすることはないと思うのですが、ついかっとなるそうです。母は、娘の前で息子をとてもかわいがります。見ていても、まずいと思うほどです。娘は嫉妬しているのかもしれません。

母はしばらく私の家に来ないで距離を置くと言っています。祖母と孫がうまくつきあっていくためのアドバイスをお願いします。

（千葉・Y子）

回答

年を重ね、人生経験も豊かな祖母が幼い四歳の孫と対等にケンカをするのは、祖母も大人気ないような気がします。四歳ともなれば、大人が想像している以上に微妙な家族の力関係や相手が自分に対して抱いている感情まで察知しているものです。娘さんが祖母に反発するのは、既にお気づきのように、祖母が弟ばかり溺愛《できあい》する寂しさを訴えているのです。同じ孫であっても好き嫌いが生じるのは人情として止むを得ないとはいえ、祖母には理性を持って、孫娘にも愛情を注いでもらわなければなりませんね。本来、子育ての方針を立て、しつけを行うのは親の責任であり権限です。祖父母は親の手の届かないところを補ったり、思いっきり甘えさせたりする役柄で、ゆとりある態度で接すれば、孫も自然となつくものです。

近所に住んでいて週に二日も泊まりに来る事情はよくわかりませんが、密着しすぎると互いにわがままが出ます。当面は訪問頻度を抑えるという祖母の提案は妥当です。その間にあなたは祖母の良い面を娘さんに話して、おばあちゃん子になるように仕向けることも工夫してみてはいかがでしょう。

年長者として尊敬される祖父母であれ

ある研究所が行った調査によると、最近の親は子育ての情報をネットに頼る傾向が顕著だということです（ベネッセ次世代育成研究所「妊娠出産子育て基本調査２０１２」）母親の八割強がインターネットを活用し、携帯サイト・配信サービスを利用している人も四割を超えています。その一方で、祖父母を頼りにしている回答もけっして少なくはありません。特に祖母（実母）に子育ての相談にのってもらうという回答も七割弱あります。

今の若い世代にとって、パソコンや携帯は空気のような存在。あって当たり前、なかったら一日も暮らせないと言ってもよいかもしれません。たしかにネットの情報は、いつでもどこからでも気軽にアクセスできる利便さがあります。さらには仲間と自由に交流ができるＳＮＳ（ツイッターやフェイスブックなどのソーシャルネットワークサービス）の普及によって、子育て仲間からの情報に依存する度合いも高くなっています。子育て当事者同士だからこそわかりあえること、子育て当事者でなければ理解してもらえないことを共有しあい、励ましあえる利点は、たしかに大きいと言えましょう。

その一方で、育児の情報源が同世代間のやりとりに限られることには、心配もあります。とかく子育て中は子どもの成長を長い目で見る視点は持ちにくいことでしょう。オムツがとれる時期の遅速で母親は悩んだり、苛立ったりします。

そんな母親たちにオムツのはずれる時期が数か月早い・遅いは大した問題ではないと言えるのは、祖父母の強みです。「あなたの夫(つまり私の息子)もゆっくりしていたから」と言ってあげれば、どんなに安心することでしょう。祖父母の助言には人生の知恵がびっしり詰まっています。自信を持って、押し付けにならない形で、伝えてあげてください。子育てにはゆとりが大切だと。

ただ、ゆとりと悪ふざけは違います。ここに取り上げた二つの相談事例は、年長者の無責任な悪ふざけに他なりません。もっとも、最初の事例は、若い母親のほうもやや神経質になっている面もあるかもしれません。その点はやんわりといさめる回答をしました。しかし、後者の事例に弁解の余地はありません。こんな振る舞いをする祖父が一人でもいるから、年寄りの助言は聞きたくないと、若い親がかたくなになるのです。

Point

祖父母は尊敬される言動を。

相談

実家の父が乳児にメンタイコ

三十代の主婦。二人目を妊娠しており、つわりがひどいためたびたび近くの実家に行きますが、父が非常識に思えてなりません。

体調が悪く実家で横になっていると「たるんでいる！」と叱られたり、上の子の育児について細かく言われたりします。ノイローゼになりそうです。

夫の母が訪れた時に、目の前で平然と鼻毛を抜き始めたこともあります。上の子がまだ生後三か月の頃、「みんなが食事しているのに、何も食べられないのはかわいそうだ」と、てんぷらやきんぴらゴボウ、揚げ句の果てにメンタイコまで口に運んで、食べさせようとする始末です。

夫は父親がいないため「いるだけ幸せだよ」と真剣に取りあってくれません。母も最近は私の文句を聞きたくないようで、父にも強く言ってくれません。里帰りが不安です。どうしたらいいのでしょう。

（埼玉・R子）

回答

あなたはまじめで几《き》帳面《ちょうめん》な方のようですから、子育てもきちんと正しい方法でしたいと考えておられるのでしょう。そのあなたから見るとお父様の言動が許し難く思えるのも、よくわかります。

たしかに三か月児にメンタイコを与えるのは絶対にいけません。一方、子育てに唯一絶対の正解も少ないもので、年配の方の「いい加減さ」に学ぶことも、時には必要なことがあります。お父様から何か言われても、自分の育児方法が批判されていると思い込まずに、人生の先輩の言葉として参考に聞いておこうというゆとりが持てるといいですね。あなたのお母様も夫も、お父様のことを大目に見ておられるようですから、お父様にも良い面があるのでしょう。

もっとも、他の人が許せても、あなたは生理的に受け付けないほどお父様を嫌悪する気持ちが強くなってしまっているというのでしたら、実家に帰らなくて済む方法を考えてはいかがでしょうか？　お産や育児で実家を頼りつつ、親の態度を批判するというのも、ご両親にしてみれば納得がいかないかもしれませんね。

人生案内 '08/04/03

相談

幼児に酒を強要する親類

三十歳代主婦。親類の六十歳代男性のことで困っています。家族が集まった席で、親類の子どもたちにしつこくお酒を勧めるのです。三歳の子に無理に飲ませようとしたこともありました。その子が口を固く閉じて踏ん張ったので口の中には入りませんでしたが、男性はゲラゲラ笑っていました。

その男性には三か月の孫がいます。とてもかわいがっているようですが、先日、孫の唇にお酒を塗っているのを見てびっくりしました。お嫁さんは泣きそうな顔でふき取っていました。その男性が一番年上ということもあり、だれも注意しません。男性の家族はみなお酒を飲むので大した問題とは思っていないようです。一度だけ家族の一人にやんわりと注意したことがありますが「カタブツだな」と言われました。その男性に注意するのはとても勇気がいります。でも黙っている自分がひきょうにも思えます。

（大阪・M美）

回答

「酒は百薬の長」と言って、大人が適度に飲むのは人生の楽しみの一つでしょう。しかし、大量に長期間飲み続けると、脳の神経細胞が萎縮する恐れも指摘されています。未成年者の飲酒が法律で禁じられているのは脳への影響が心配されるほか、アルコール分を分解する体内の仕組みが未熟のために急性アルコール中毒を起こす恐れもあるからです。唇に塗る程度なら大丈夫と軽く考えているのかも知れませんが、赤ちゃんは何でも唇でなめて体内に取り込みますので、危険なことに変わりありません。今やめさせないと、段々エスカレートして、実際に飲ませるような行為をする心配もあります。

赤ちゃんの母親が嫁の立場で、舅に逆らいにくければ、夫からきつく言ってもらうことです。夫もお酒飲みで事の重大さが理解できないようなら、未成年者飲酒禁止の法律とその根拠を説明している本やホームページを見せて説得するとか、保健所の保健師に相談して厳重に注意してもらう方法もあります。こうした方法を、あなたから赤ちゃんの母親に助言してあげてください。

思春期こそ、祖父母の出番です

祖父母世代は人生の達人です。子育て経験もあり、仕事や地域活動でもさまざまな実績を積み重ね、人脈も豊かなことでしょう。そんな祖父母力はぜひとも孫育てに期待したいところです。特に子どもが思春期になると、親は対応に苦慮します。ここでは、そんな思春期こそ祖父母の存在意義が大きいことを考えさせられる相談事例を二つご紹介します。

一番目は、直球を投げあって、ぶつかりあい、家庭が修羅場となってしまっている母親（祖母の娘）と思春期の孫についてのご相談です。思春期に修羅場を演じるのは親と子の宿命。だからこそ、客観的にゆとりをもって見守ってくれる祖父母の存在が大切になるのです。

二番目は、孫が学校でいじめにあったというご相談です。昔も子どもの世界には、もめごとやケンカはありました。言葉で、時には身体ごとぶつかりあいながら、子どもは育ってきたとも言えます。

でも、今の子どもの世界のものごとは、かつてのような単純なものばかりではありません。弱者をとことんいたぶるような陰惨なものも少なくないようです。身体が弱かったり、心根の優しい子が不登校にならざるを得ない実態もあることでしょう。いじめられた子のみじめさを思うと、胸がつぶれる思いですが、そういう子に、心底、寄りそって「あなたは絶対に悪くない！」と言い切れるのも、経験を積み重ねた人生の達人世代ならではの力だと思います。
親が全力で子どもを守らなくてはならないことは言うまでもありません。ただ、どうしても目先のことに戸惑うのも、親の悲しい性です。「どうして学校に行けないの」と問い詰めたり、学校に戻すことだけを考えて、子どもを追い詰めたり。そんな時、祖父母の役割は、ちょっと待って、と立ち止まるゆとりの大切さを伝えてあげることではないでしょうか。学校に行くことだけが人生ではないかもしれない。みんなが同じ方向を向いて、同じ電車に乗り合わせて、一刻も早く目的地に着くことを競っているような今の時代です。途中下車をして、一息いれるのも、かえって人と違って、自分にあった時を過ごせるかもしれない、と耳元で囁《ささや》いてあげられるのも、祖父母の人生経験知あってのことです。傍らで、気をもみながらも孫のことを懸命に見守ろうとしてくれる祖父母の眼差しの温かさを支えに、孫は悩み・傷つきながらも、必ず自分の人生を生き抜いてくれるはずです。

Point

祖父母世代の豊かな経験知は、思春期の孫の生きる支え。

相談

優秀な孫なのに母に口答え

六十歳代女性。孫のことで相談です。孫は女の子で、小学五年生になります。学校ではずっと優等生で、テストもほとんど百点。小さい時から何でも自分でやり、手がかかりませんでした。あまり親が遊んでやらなくてもいい子でした。ところが、最近は、きょうだいゲンカばかり。弟を口でやりこめ、時にはたたいたり、けったりします。

母親である娘ともうまくいっておらず、「もう嫌になった」と娘に言わせるほど口答えをします。実は娘も口うるさく怒るタイプ。「まず親が変わらなければ」と諭しています。娘の夫は毎日帰宅が遅いです。

私が娘の家を訪ねても、家族がなごむ時間はあまりないようです。一緒に笑ったり泣いたりできる普通の家族であってほしいと願っているのですが…。どうすれば改善できるのでしょうか。

（岐阜・T子）

回答

子どもは天真爛漫《てんしんらんまん》、自由奔放に生きているとよく言われますが、実際は大人の考えた幻想かもしれません。親などが考える以上に子どもは周囲に気を遣い、皆の期待に応えようと必死になっていることがあります。教育熱心な家庭にありがちなことですが、お孫さんも随分と無理を重ね、ストレスをためているのではないかと心配です。あなたのような方が近くにいて気遣ってくださるのは、ありがたいことです。

まずお孫さんに自信を持たせることを考えてください。優等生として評価を得ているのに、これ以上自信が必要なのかと疑問に思うかもしれません。しかし良い成績や行動に対してほめられたことはあっても、失敗やダメな部分も含めて、あなたの存在そのものが大切な宝物だと、丸ごと受け入れてもらうことに飢えているのではないでしょうか。弟に意地悪をするのは、いつも優等生でいなくてはならないプレッシャーへの反発であり、こんな私でも受け入れてくれるのかと試しているのだと思います。無条件の愛を注いでくれる人が一人でもいれば、賢いお子さんですから、立ち直ってくれることでしょう。

相談

心に傷　不登校になった孫娘

六十代女性。つらい思いをして、不登校になった孫娘にどう接したら良いのかわかりません。孫は、幼い時に救急車で何度も運ばれたほど体が弱い子でした。高校生になった今も定期的に通院して、薬を飲み続けています。これまで体育の授業を受けていませんでしたが、高校に入って、授業を少しずつ受けることにしたそうです。この夏も学校行事のダンスの練習に休まず通っていました。頑張っているなと思っていました。でも、学校では「へたくそ、間抜け」などと言われたようです。その時は、「今までしたことがないのだから、しょうがないね」と言い聞かせました。その後、複数の生徒から暴力をふるわれ、孫はショックで学校に行けなくなりました。今は学校と聞くと体が反応して震えます。

こんなことなら、ダンスをやめさせれば良かった。心の持ちようを教えてください。　（I子）

回答

「学校」と聞いただけで身体が震えるとは、お孫さんはどれほど怖くつらい思いをしたことでしょう。どうか、学校に行けないことをとがめるそぶりを見せたり、登校を急かしたりせず、今は心身ともにゆっくり休ませてあげてください。

お孫さんはよく頑張りました。夏休み中、休まず練習に通い通したのです。友人たちの行動は、人として絶対に許されることではないこと、仮にダンスは上手に踊れなかったとしても、むごい友人たちの仕打ちに耐えながら通い続けたことは、人として数倍素晴らしいとお孫さんに伝えてあげてください。お孫さんはけっして弱い子ではありません。小さい時から身体の不調と闘いながらも、よくここまで成長してくれましたね。その育つ力を守り抜いてあげましょう。高校の先生に事情を正確に伝えてください。学校側が善処してくれる見込みがなければ、転校も考慮すべきです。もし大学で学びたければ、通信制の高校から大学に進学するという道もあります。お孫さんの人生はこれからです。常に気遣い、全力で守ろうとしてくれるあなたのような人は、お孫さんにとって何者にも代えがたい存在です。

思春期は祖父母にとっても難題山積

前節では、思春期こそ祖父母の出番であることを考えさせられる事例について、ご紹介しました。他方で祖父母力の無力さを考えさせられる事例も、もちろん少なくありません。「老賢者」祖父母の自信も自負も、跡形もなく砕いてくれるのも、孫の思春期です。どうしたらよいでしょうか。

まず第一に、「幻想」を捨てることです。孫はいつもかわいいとは限らない、孫はいつまでも純粋無垢ではいてくれない、と諦観することです。思春期にもなれば、性にも目覚めて、対応に苦慮もします。

第二に、立派な祖父母像も捨てましょう。孫に慕われたい、孫が抱えている問題もすべて解決してやりたい、なんて思わないことです。嫌われて結構。嫌うものなら嫌ってみろ、くらいに腹をくくりましょう。

でも、それで終わり…では、いけません。それでは孫から見ても、実に嫌な年寄りでしかないからです。「嫌われて結構。でも、私は好きだからね。あなたのことを、とても大事に思っているからね」と、でんとしていてこそ、祖父母ではないでしょうか。

どんなに憎らしい態度を取ったとしても、孫はあなたが生きた時間の四分の一も、この世に生きていないのです。

どんなにはらはらするような悪さをしたとしても、あなたのこれまでの人生の四分の三以上の時間が、彼らの前には残されているのです。やり直しもできます。多少、寄り道をしたとしても、寄り道ができるだけの体力も気力も時間も手にしているのです。うらやましいくらいです。でも、それだけの時間を、これから生きていかなくてはならない。しんどいこともたくさんあるでしょう。だからこそ、何があっても、見守ってあげたい。かわいげのない態度をとられたとしても、若さゆえの余裕のなさと受け止めてあげたいですね。

もっとも、言うのは簡単ですが、実行するのは至難の業です。いくつになっても、人生は難題山積。老け込んではいられないと刺激を与えてくれるのも、孫ならではの贈り物と思うくらいの余裕を持ちましょう。

Point

思春期の孫は老化防止剤と思って、対応を。

人生案内 '04/12/25

相談

孫娘と会話なく寂しい

七十歳の主婦。息子夫婦、高校一年生の孫娘と同居しています。

孫は幼い時から息子夫婦に甘やかされて育ちました。中学生の頃はそれほどでもなかったのですが、高校生になってからツンツンして一切会話がありません。あまりの態度なので、どうしてかと尋ねると、おばあちゃんの一言一言が嫌だと言われてしまいました。

非常識な生活態度を私が時々注意することで嫌われたようです。息子夫婦は共働きで、注意するどころか娘の機嫌をとるぐらい。家族のだれかが言い聞かせないと、と思って注意したのが裏目に出たようです。知人の家で、おばあさんと孫が仲良くしているのを見ると、うらやましく思います。孫娘の生活態度を見て見ぬ振りをするのもつらいですが、会話のないのも寂しいです。どうすれば、孫から慕われる祖母になれるでしょうか。教えてください。(京都・R子)

回答

孫を案ずる気持ちがなぜ伝わらないのか、こんな子ではなかったのにと、戸惑っておられることでしょう。

今、高校一年生ということですから反抗期だと思います。程度の差はあっても、このくらいの年齢の子といると、不機嫌なそぶりや乱暴な言動に驚かされて、どう接すべきか対応に困惑するものです。思春期は一途な思いから大人や社会のあり方に疑問や義憤の気持ちを抱き、一方で早く自立したいと願うようになります。しかし、実際は自分に力がなく、家族に頼らざるを得ないもどかしさにじれて、反抗的になるのです。

おそらくお孫さんも心の揺れを抱えて苦しんでいることでしょう。子どもが大人になる過程で一度は通過する試練で、さほど心配はいりません。道を踏み外さないよう、そっと見守ることが必要です。心配のあまり過度に干渉するのは禁物です。お孫さんを大切に思っていること、そして、お手紙にもあるように、〝仲良くしたい〟という気持ちが一日も早く伝わることを願っています。

相談

小六の孫が性に興味

六十歳代女性。小学六年生の孫の男の子のことで相談します。

修学旅行から帰ってから、時折「性」のことを口にするようになりました。深刻なものではありませんが、友だちが言うのを聞いたらしく、おもしろがって「セックスしよう」などとあっけらかんと口にします。

性のことに興味を持つ年頃かと思いますが、弟もいることですし、適切に指導していかねばと思います。放っておくのもよくないし、逆に叱って封じ込めると余計に興味を持つかもしれません。

私の娘であるこの子の母親は心配していますが、父親のほうは早朝から深夜まで仕事が忙しく、それほど深刻には考えていないようです。

今の時代は、性についてどんな指導をすればいいのでしょうか。教えてください。

（兵庫・J子）

回答

早い遅いの違いは多少ありますが、思春期の子どもが性に目覚めるのは自然な発達です。むやみに叱ったり禁止したりするのは、適切な対応とは言えません。残念ながら今の日本社会は興味本位のグロテスクな性情報が氾濫《はんらん》し、容易に子どもの目に触れてしまうのが悩ましいところです。お孫さんも雑誌やインターネット上で、そうした情報にアクセスし、誤った性に対する態度を身につけてしまう危険性もあります。性に関心を示し始めた今がチャンスですから、周囲の大人が恥ずかしがらず、率直に性について語りあうことが大切でしょう。

「性」は「りっしん偏」に「生」と書き、人が生きる源を意味しています。自分の心と身体を大切にし、異性の身体と心も尊重する必要性を伝えて下さい。性はオープンに語りにくいという風潮もあって、親や家族だけで対応が難しい面もあるでしょう。学校の先生などに相談にのっていただき、一緒に対策を考えることも良いと思います。お孫さんが性について口にするのは、大人がしっかり向きあってくれるかどうか、反応を待っているようにも思えます。

祖父母らしさにとらわれないで

お孫さんが生まれてから、あなたはなんと呼ばれていますか？　「ばあば・じいじ」「おじいちゃま・おばあちゃま」「グランパ・グランマ」…。ご家庭によってさまざまでしょう。

でも、いったん、祖父母らしい名称がつけられると、その時から祖父母らしく行動することが求められます。日本社会は、「らしさ」を期待する文化が強いからです。「女らしく・男らしく」「母親らしく」もあります。いずれも社会的役割期待と呼ばれるものです。便利な面もあります。いちいち自分はどうすればよいのかと思案に暮れる手間は省けます。「あなたは○○になったのだから、△△のような行動をとりなさい」という指針を与えてもらえば、自分で考えなくて済みます。周囲も○○さんは△△の言動をすると思って対応すればよいのですから、お互いに省エネルギー対策にもなります。

でも、この「らしさ」は厄介な面も少なくありません。一人一人の個性を見なくなります。長所短所・得手不得手を含めて、その人特有のかけがえのなさを発揮することも、認めることもしない・できない人間関係に陥ってしまいかねません。

ここでご紹介する相談事例は、まさにその一例です。四十歳代の母親は義父母には子どもに昔の遊びを教えてほしいと期待しています。「けん玉」「将棋」「折り紙」など、昭和の懐かしいレトロチックな遊びを期待しています。

この母親の気持ちもわからなくはありません。できたら応えたいですね。でも、どれだけの祖父母が、それに応えられるでしょうか？　祖母になったから、昔の遊びを今、やってと言われても、戸惑う祖父母も少なくないことでしょう。今、自治体主催の講座などで、昔遊びを教えてくれる講座も時々見られます。そういう所に出向いて、再学習するのも、孫を授かったならではの楽しみかと思います。

一方、無理をして、「今風」に迎合しないことも大切です。ゲーム機のコンピューターゲームは、見ているだけで目が回る。無理にわかろうとか、孫のご機嫌をとる必要もありません。むしろ、あなたが楽しめることを、毅然と悠然と貫いていいのです。何十年と生きてきた人ならではのオーラが漂っています。ゲームも色あせるほどの魅力で、孫をひきつけるくらいの自信を持ちましょう。それでだめなら、それもまたよしです。

Point

「今風」に迎合せず、自分らしさを大切に。

相談

昔の遊び　義父母が教えて

四十歳代主婦。子どもが二人。夫は土日も仕事なので、ほとんど私一人で子どもの遊び相手をしています。ママ友だちどうしで連絡をとって出かけることも。それなりに楽しく過ごしています。

ところが週末になると、近所の夫の実家から、「孫を連れて遊びに来てほしい」と連絡がきます。私としてはあまり行きたくありません。というのは、義父母は部屋でゲーム機で遊ばせるだけだからです。

どうせなら、けん玉や将棋、折り紙といった、おじいちゃん、おばあちゃんならではの遊びを、子どもたちに体験させてほしい。そんな私の気持ちは何げなく伝えているつもりですが、わかってもらえません。時には一緒にゲームをやりだす始末です。休日にわざわざ部屋でゲームをさせたくないのであって、義父母が嫌いなのではありません。

（群馬・Ｉ子）

回答

祖父母が土日に孫を呼んで遊ばせてくださるのはありがたいことですね。せっかくの機会だから、日本の伝統的な遊びを教えてほしいというあなたの気持ちもわかりますが、祖父母がみな、昔風の遊びが得意とは限りません。人によって得手不得手があります。あなたが望むような遊びを経験していない人もいることでしょう。将棋やけん玉などの遊びは、地域の児童館や放課後子ども教室で地域の年配の方が教えてくれる所もありますから探してみてください。

たしかに家の中でゲーム機遊びばかりするのは、子どもの発達上望ましくありません。人と会話をし、身体を使って遊ぶことが大切です。まずゲーム機で遊ぶ時間はこれだけと親子でルールを決め、それ以外の時間の使い方を一緒に話し合いましょう。親と話し合ったりお手伝いをする楽しさを経験すれば、祖父母の家に行ってもゲーム遊びばかりにはならなくなると思います。

子育ての方針を決めるのも実行するのも親です。夫婦でよく話し合い、必要に応じて、祖父母に伝えて理解してもらう努力をしてください。

3

子ども夫婦と向き合う心得

～大人どうしのつきあいを

孫の催促は、厳禁です

祖父母世代のみなさんは、これまでご自分のことは二の次で、お子さんの幸せを願い、教育に尽くしてこられたことでしょう。お子さんもまたそうした親の期待に応えて育ってきたことと思います。しかし子どもといえども、別の人格です。まして結婚して一家を構えているのですから、互いのライフスタイルやプライバシーに心を配ることは、基本中の基本です。

特に、やがて親になる子ども夫婦とうまくつきあうために、絶対にしてはいけないこと、それは孫催促です。

ここでは、三つの事例をご紹介しましょう。

最初の事例は、孫を催促すると言っても、けっして憎めないお姑さんが登場します。とても天真爛漫な方で、孫が欲しくて、欲しくて、たまらないことが、日常の素振りからうかがえます。でも、それをあからさまに言ってはいけないということも、一応、頭ではわかっている方のようです。ですからお嫁さんに精一杯気を遣っています。それでもたまらずに孫を催促してしまった時には、息子にわびの気持ちも込めて、自身のあやまちを確認する素直さも持ちあわせています。これ以上、若夫婦に気を遣い、遠慮をしなければいけないのかと思う方もおられるかと思います。もしかしたら、お姑さん本人もそう思っているかもしれません。

それに比べて、お嫁さんのほうがややかたくなな感じも否めません。尋ねられるのが嫌なら、はっきりそう言えばいい。「お義母さん、あまり催促しないで。赤ちゃんのことは夫婦で話し合って決めさせてください」とか「妊娠したら、一番に報告しますから、それまで待っていてくださいね」とか。時には、義母の言動を笑って済ませるゆとりも欲しいところです。

でも、この問題は、実は根の深いテーマを抱えているのです。赤ちゃんを産むか否か、産むとしたらいつ、何人産むのかは、夫婦の寝室のプライバシーにかかわる問題なのです。さらには、子どもが生まれたら、生活スタイルも一変することでしょう。仕事の都合や経済的な見通しも含めて、親になる人たちが真剣に検討すべき課題として考える時代になっているのです。

孫欲しさゆえとはいえ、親が若い夫婦の寝室や人生設計に土足で足を踏み入れることは、けっして許されることではないのです。孫を催促されて、若い夫婦が笑ってごまかせないとしたら、それだけ真剣にこの問題に向き合っていると思ってください。

一方、後者の二つの相談事例は、ここまで無神経で横暴な義父母がいるのかと、あきれる思いで、ご相談の手紙を読んだ記憶があります。まさに絶滅危惧種のような義父母です。絶滅したとしても、危惧する必要もないくらいです。早く化石となってほしいと思うくらいです。ただご相談者の居住地を見ると、地方都市です。全国には、いまだにこうした古い感覚の持ち主が案外少なくないのかもしれません。

前者のお姑さんは、孫を催促めいた言動をとっているとしても、お嫁さんを思いやる気持ちはけっして忘れていません。それに比べて、後者の舅や義父母は、嫁を気遣う気配はまったくありません。あたかも嫁は男児や子ども製造機とでも思っているようです。このままの状態が続くと、お嫁さんの気持ちも爆発寸前のようですが、いちど爆発してみせたほうがよいとさえ思います。

さて、その時に、周囲がどのような態度をとるのかが問題です。陰ではお嫁さんの慰め役を果たしてくれる人もいるかもしれませんが、いざとなった時に、どこまで味方になれるのかが問題です。むしろ、お嫁さんが爆発する前に、夫(父)をいさめるくらいの度胸と見識が姑(息子)に欲しいところです。

二番目の相談事例のお姑さんは古い土地の習慣の中で、横暴な夫に耐えながら、子育てに励んでこられたことでしょう。そんな母親の姿を見て育ったから、息子も妻に優しく接することのできる男性に育ったことと思います。

でも、本当の優しさは、時に戦う必要があると判断したら、毅然《きぜん》として戦う姿勢を示すことです。生まれてくる子どもの性別でなぜ、嫁（妻）がここまで責められ、苦しめられなければならないのか、それはどう考えてもおかしいことだと、折にふれて夫（父）に抗議し、夫（父）の態度を変えるように努力をし続けることが必要ではないでしょうか。

環境の変化に対応しきれずに、生存が難しくなるのが、絶滅危惧種の宿命です。子育てや家族のあり方も、嫁だけが犠牲となるような時代はとうの昔に終わっているはずです。これから生まれてくる孫は新たな時代を生きる存在です。孫の誕生を契機に、新たな時代に即してそれまでの夫婦や家族の関係を、リセットするチャンスでもあると、私は思います。

Point

孫育ての心得は、孫が生まれる前から。

人生案内 '09/06/23

相談

孫出産に期待かける義母

三十代主婦。夫の母は「孫はまだ？ （孫を産んだら）私たちに預けて遊びに行けばいい」と言います。新幹線で二時間以上離れた所に住んでいるのに…。

以前、義母は「孫のことを聞いたのは悪かったかしら」と夫に尋ねたことがあるのです。その際夫が「孫の話はやめてほしい」と伝えてくれました。しかし先日、義母は突然脈絡もなく「孫は電車好きかも」と言い出しました。高級ブランド店でバッグを手に「オムツも入る」と大声を出し店員の失笑を買ったことも。

孫が楽しみな気持ちもわかりますが、言われるたびに嫌になります。私は夫と話し合って納得した時に産みたい。今も昔も命をかけて産むのは変わらないはず。「孫はまだ？」と軽々しく言わないでほしい。どうすれば無神経な発言をしていることに気づいてもらえるのでしょう。

（大阪・K子）

回答

「結婚や出産に関しては、個人の選択と決定の自由が尊重されるべきだ」と考えられるようになったのは、最近のことです。急速に進む少子化への危機感も後押しして、若い世代の多様な生き方に一定の理解が広がりつつあります。

しかし一般論としては理解しても、さまざまな思惑が絡んで、「女性は結婚したらすぐ子どもを産むべきだ」という従来の考え方にこだわる人が少なくありません。おそらくあなたの義母もその一人なのかもしれません。ただ突然脈絡なく孫のことを口に出してしまう様子から見て、義母は絶えず孫を切望しつつも、普段はあなたを気遣って催促してはいけないと我慢しているのではないでしょうか。

子どもはあなた方の子ども。子育てをするのもあなた方ですから、夫婦の方針は大切になさるべきでしょう。しかし、縁あって親子となった関係です。義母とも上手につきあう工夫を忘れないでください。義母の理解を得ようと急がず、相手の思いに耳を傾け、自分の考えを率直に伝えながら、互いに違いを認めあえる信頼関係をはぐくんでください。

相談

「男の子産め」繰り返す義父

三十代後半の主婦。上の子は女の子。近く第二子を出産しますが、また女の子だろうと健診で教えてもらいました。

そのことを、家族に報告すると、夫と義母は喜んでくれました。しかし、義父には「がっかりした」と言われました。義父はその後も、ことあるごとに「本当に女の子なのか」「三人目を早く作って絶対、男の子を産め」と繰り返します。さらに義父は、妊娠してから赤ちゃん返りが激しい上の子について、「甘やかしすぎているからだ。しつけがなっていない」と言います。

夫や義母は「気にするな」となぐさめてくれますが、義父の言葉が気になって眠れないこともあります。正直、三人目は年齢的にも経済的にも考えられません。子どもを産む自信がなくなってきました。このままだと気持ちが爆発してしまいそうです。

（富山・A子）

回答

今も昔も出産は女性にとって命がけの大仕事です。産む女性の心中に配慮しない義父の態度は、何とも腹立たしい限りです。義父がこれほどまでに男子の誕生を希望する理由がお手紙からはよくわかりませんが、恐らく昔の感覚のままで家の継承や介護を期待しているのでしょう。しかし、今は家督の相続に男女の差別はなく、介護も家族や社会のみんなで担い支えあう時代になりつつあります。また、上のお子さんの今の様子は、あなたも言うとおり「赤ちゃん返り」の行動で、しつけの良し悪《あ》しとは無関係でしょう。下の子の妊娠で母親の愛情を独占できない寂しさが主な原因と思われます。家族のみんなで優しく大事に接してあげてください。

これから親が子育てに当たって心がけるべきことは、男女を問わず、自分の身辺をしっかりと管理する生活能力と経済力をはぐくみ、他の人への思いやりを忘れない自立した人間に育てることです。時代錯誤的な感覚で息子夫婦の出産や子育てに介入する義父の言動に翻弄《ほんろう》されず、自信を持って子育てに励んでください。安産をお祈りしております。

相談

「子どもの作り方知らない」と言いたい放題

二十九歳の主婦。義父母との関係で悩んでいます。結婚して二年になりますが、夫の実家へ行くたびに「子どもはまだか」と言われ続け、親族が集まった席で「こいつは子どもの作り方も知らないみたいだから、だれか教えてやってくれ」と言いたい放題言われたこともあります。夫に相談したら、夫から義父母に言ってくれましたが、以来、私と話をしないようになりました。

私は不妊治療を受け、妊娠することができましたが、六か月に入った頃、高熱を出して入院しました。義父母が見舞いに来てくれましたが、点滴や薬の服用を知ったとたん、「おなかの中の子どもに影響が出たらどうするのか」などと言って帰っていきました。今までのことは割り切ろうと思う反面、今は子どもが生まれても夫の実家には行きたくないとも思います。これから、どう義父母とおつきあいすればいいでしょう。

（千葉・W子）

回答

人は単純に善人と悪人とに分けられませんが、人を思いやれる優しい人もいれば鈍感な人もいます。いつも損をするのはあなたのような繊細な人なのでしょう。跡取りを産むことを強要するような古い考え方をする人の気持ちは、簡単には変わりません。

これからも誕生祝いのしきたりやしつけなど、義父母の干渉がさらにエスカレートすると覚悟しておいたほうがいいと思います。他人であればつきあいをやめることもできますが、子どもにとっては祖父母、夫にとっては大事な親ですから、上手につきあうすべを身につけましょう。

幸い別居のようですから、嫌なことを言われても、その場限りと割り切ってにこにこと聞き流すこと。一つ一つの事柄にきまじめに白黒をつけて考えず、柔軟に受け入れることも大切です。自分の正義が相手の正義とは限らないからです。

これは子育てにも通用する極意です。あなたの優しい性格に少しだけたくましさを加えるための人生修行と思って、気楽につきあえるといいのですが。

里帰り出産や実家の協力は当たり前ではない

かつての日本社会では妻が産み月近くになると実家に帰って子どもを産み、その後も体調が回復するまで一〜二か月近くを実家で過ごす、いわゆる里帰り出産が一般的でした。今でも、里帰り出産の習慣は根強く残っています。

一方、病院分娩が普及している今日では、妊娠期から診てもらっている医師の下で産みたいと妊婦が願うのも自然でしょう。実家が地方の場合には、近くに産院がない場合もあります。里帰りせずに、親に手伝いに来てもらいたいと要請する若夫婦も増えています。

いずれも、出産と産後のケアは妻の実家で過ごす、あるいは双方の親が援助に駆け付けるのが当たり前、と考えている点で共通しています。

しかし、この認識は実は時代の流れと合致しなくなっています。ここにご紹介する三つの事例は、里帰り出産や実家の親の援助を当然視するからこそ、悩まざるを得ない事例です。

一つ目は、息子夫婦からの援助要請に応えられないと悩む父親（祖父世代）、二つ目は、妻の実母の援助がないことに不満を抱く婿、三つ目は、出産で実家に帰ってみたものの、実父に冷たい仕打ちを受け、恨みを募らせる娘さんのご相談です。いずれも、恨んだり不満を募らせるだけで解決への一歩を踏み出せていません。出産の手伝いは実家や親がすべきだという考えにとらわれて、時代の変化に目をつぶってしまっています。

親世代の中には現役で働いている人も少なくありません。体調不良や経済的事情から、娘や嫁の里帰りを迎え入れることも、助っ人に駆け付けることも、躊躇せざるを得ない人もいます。第二の人生で見つけた趣味や活動に支障をきたすこともあります。親世代は、こうした事情を率直に子ども夫婦に伝え、子ども夫婦は、まず親に頼るという認識を改めることが必要です。もちろん、夫婦だけで頑張れということではありません。育児休業制度や地域の子育て支援を上手に使うこと、そのための情報収集を巧みにすることも、親になる道のりです。二〇一〇年から改正施行された育児・介護休業法は、父親が育児に参加しやすい方向で随分と改善がなされています。自分たちでやれることはやろうとする努力もしたうえで、不足の部分を親に頼ることがあってもよいでしょう。子ども夫婦がそうした努力を重ねているのであれば、親(祖父母)もできる援助は惜しまないことです。

Point

祖父母の援助は、最後の切り札。

相談

嫁の出産　手伝い断りたい

六十歳代男性。遠方に住む息子夫婦から二人目の妊娠の知らせを受けました。今住んでいる町で産むようです。上の子も小さいし息子も仕事で遅くなることが多いので、今回は息子の妻の実家に里帰り出産することを勧めました。しかし、費用が安く様子がわかっている病院がいいそうです。上の子の時、私たち夫婦は二週間ほど手伝いに行きました。けれども今回は体調不良で無理です。それなのに息子は「少し手伝いに来て」と言います。体調のことを再度話すつもりですが、気を悪くして疎遠になるのではと心配です。

上の子の時は手伝って当然と思われたのか、息子の妻からは感謝の言葉もありませんでした。もともと礼儀作法はできていませんでしたが、自分たちの都合でしか判断できないのは若者の特徴なのでしょうか。どのような対応が良いでしょうか。

（東京・E男）

回答

今でも里帰り出産をする人が多いようですが、夫婦の居住地で産む選択があっても良いと私は思います。里帰り出産は実家で心身共に安心できる利点がある一方、出産や育児への夫のかかわりが希薄になりがちだからです。出産前後の一番大変な時期を二人で乗り切るのも、夫婦や家族にとって、大切な思い出の一ページとなることでしょう。現在住んでいる所で出産を迎える場合には、夫が育児休暇をとってしばらく家事や育児をしたり、地域の育児支援情報を集めたりすることが欠かせません。支援を頼める親族があればお願いし、足りないところはヘルパーさんを手配するなど、準備を工夫することが親になる夫婦の務めです。

実家の親の援助を当然のように当てにするのは心得違いですが、父親のあなたがそれを言うと、息子さんとの関係がこじれる心配もあるでしょう。手伝いたい気持ちはあるが、今回は健康上の理由で行けないと、率直に話し、その先どうするかは息子さん夫婦のやり方を見守ることが最善かと思います。求められたら準備の仕方など、ご夫婦で相談にのってあげてください。

相談

妻が出産　義母の協力なし

三十歳代男性。最近二人目の子が生まれました。妻子の面倒を自分がすべて見ています。料理、洗濯、掃除、子守りなどすべて。疲れて、もう限界で自分の親にも時々手伝ってもらっています。

妻の母は、「娘と孫の面倒をなぜ自分ばかり見なければならないのか」と信じられない発言をし、ほとんど協力しません。そのため自分が仕事を休み、妻子の面倒を見ることになりました。周囲の家族を見ると、妻が実家へ帰り、母親が世話をしています。

義母は離婚しており独身ですが、不倫をしています。結局、不倫相手に会えなくなるし自由時間もなくなるから、役目を放棄しているのです。妻の母親なので、できれば悪口は言いたくありませんが、もう少し大人になってほしい。今のところ何も言わずにいますが、このままでいいのでしょうか。（福岡・N男）

回答

三十歳代の男性といえば、職場の実務を担う多忙な立場におられることでしょう。仕事を休んで産後の妻と子の世話を一手に引き受けるのはさぞ大変だったことと思います。手伝いに来ない義母に、つい不満をぶつけたくなるのもわかります。しかし、出産に際して、必ずしも妻の実家の協力があって当然とは言えないと思います。里帰り分娩《ぶんべん》のように妻の親が育児に協力する風習は今でもよく見られますが、祖父母も仕事やその他の事情を抱えていて、協力できない人も少なくありません。

少子化対策として地域の子育て支援も幅広く行われ始めていますから、保健所や福祉課などに相談して、家事や育児援助をしてくれるＮＰＯや社会福祉法人等の活動を利用することをお勧めします。祖父母は多様な支援の選択肢の一つで、協力が得られない場合を予測して対策を考えておくことも大切です。

義母の不倫は人の道に反して許されることではありませんが、理由はともあれ義母の援助がなかったことで、あなたが育児時間を取得し、大変な時期を夫婦で乗り越えたのです。ご家族にとってかけがえのない経験をされたと思います。

相談

里帰り出産　父の言動に怒り

三十代主婦。数か月前に里帰り出産した際、父の言動に怒りを覚え、今も抑えきれないままです。

予定日間近の私が家事を終えて休んでいた時、父から「電気がつけっ放しだ」とどなられました。それは妹がしたと言っても父は聞かず、一方的に私を悪者扱い。そのストレスからか、陣痛が起きず、私は大変な思いで出産に臨みました。

家事は、足の悪い父や夜も働く母への感謝の意味で頑張ったのに、父には伝わらず、情けなかったです。子どもの夜泣きに手を焼いていた時も、母が気休めにとテレビを見るよう勧めてくれたのに、父は「見たいなら金を払え」。さらに「まだ帰らないのか」とも言われ、悲しくなりました。

二人目の子も考えたいのですが、仕事で帰りの遅い夫に協力を求めるのは難しい。といって、父のいる実家に帰るのも怖く、悩んでいます。（茨城・R子）

回答

医療がどんなに進歩したとはいえ、お産は女性にとって大役です。産前産後は心身をゆっくり休められる環境が不可欠ですのに、お父様の対応は妊産婦への配慮が全く感じられませんね。どんなにつらく情けない思いをされたことでしょう。

実は里帰り出産をしたものの居心地が悪く、親との葛藤に苦しむ事例は珍しくありません。仕事や子育てが一段落し、第二の人生を歩もうとしている親世代には、経済力や健康上の不安など、若い世代には想像し難い問題が増えているのでしょう。

あなたのご両親も高齢でお父様は足を悪くされ、お母様は夜遅くまで働いておられます。実家に頼ること自体に無理があったのかもしれませんね。夫は仕事で忙しいとのことですが、二〇一〇年の六月から育児・介護休業法も改正され、産後八週間は父親も育児休暇を取りやすくなっています。お産の協力は妻の実家がして当然と考えず、我が子の誕生は夫婦で力を合わせて乗り越える覚悟と工夫が必要かと思います。里帰り出産をしないで夫婦の絆を深めようと発想を変えて、お父様を恨む気持ちを静められるといいのですが。

互いに相手の生活・都合を大切に

子ども夫婦と仲良く、気持ちよくつきあうコツ、それは互いに、相手の考え方や生活を尊重し、踏み込みすぎず、冷静に見守る心得に尽きるかと思います。これまで繰り返し述べてきたことですが、ここでも、同じことをお伝えすることになります。なぜなら、頭ではわかっていても、心にすとんと落ちる形で納得することが、とても難しいからです。

理屈ではわかるのに、心で受け入れることができないのはなぜなのでしょうか。答えはただ一つ。自分は純粋に相手のことを思っているという自負が、事実から目を反らさせるからです。

ここにご紹介する三つの相談事例は、まさにその典型例です。私は、ただただ孫がかわいいだけ。ただ会いたいだけなのに、なぜ会わせてもらえないのか…。私は嫁がかわいい。心から娘のように思っているのに、なぜ実母のように心許して甘えてくれないのか…。私は年数回の帰省時に義母に孝行を尽くしたい。なぜその気持ちを姑は大事に受け止めてくれないのか…。

祖母や嫁の立場からのご相談ですが、この方々のお気持ちはよくわかります。でも、立場を変えて、相手の気持ちを考えてみると別の風景が見えてくるのではないでしょうか。

孫に会いたいだけと言われても、若い夫婦には若い夫婦なりの暮らしの都合があるでしょう。二世帯住宅や同じ敷地内の隣家に住んでいるからといって、いつ出入りされるかわからないのは、煩わしく、落ち着いて暮らせないことと思います。嫁を娘のように思っているからといって、何もかも知らせてほしいと言われても、言えない事情もあるでしょう。

一方、お嫁さんの側も身勝手な思い込みをしている相談が三番目の事例です。年に一、二回の帰省時に孫の顔を見せて親孝行したいからといって、一人で暮らす義母の日常の暮らし向きまで変えさせようとするのは、僭越《せんえつ》です。義母にとっては、一年にたった数日間の親孝行のまねごとで、日々の暮らしを支えあってくれる近隣の人との関係を断ち切ることはできないのです。

よその家の話として聞けば、その問題点も解決策も容易にわかることが、当事者になるとわからなくなってしまう。「善意」と「愛情」への過信の災いにほかなりません。

Point

あなたの善意が相手に通用するとは限りません。

相談

隣に住む孫にもっと会いたい

六十九歳の主婦です。孫と毎日会いたいのに、あまり会わせてもらえず、寂しい思いをしています。

三年前、私たちが建築費を援助して、息子一家の住む家を隣に建てました。それなのに、五歳の孫がたまに来る程度。下の一歳の孫は連れて来てくれません。すぐ向かいに勝手口がありますが、いつも鍵がかかっています。もっと気軽に行き来したいのです。

家にいる時は鍵をあけておいて、と言ってみたら、嫁は「じいちゃんが来ると大きな声なので、せっかく寝かせた子が起きてしまうから嫌」と言います。自分は、車で十五分くらいのところにある実家に毎日のように行きます。おじいちゃんが三日に一回くらい行っても、嫌わないでほしいと思います。

どう気持ちを変えればよいか、アドバイスをお願いします。　（愛知・T子）

回答

かわいい孫に囲まれて暮らすのは、老後の楽しみの一つでしょう。おじいちゃん、おばあちゃんに愛される経験は、子どもにとっても大切です。なぜお嫁さんは勝手口に鍵を下ろすのでしょうか。お嫁さんの立場になって考えてあげてください。

建築費を援助してもらったからといって、義父母がいつ家に入って来るか見当がつかないのでは、プライバシーも守れず、落ち着かない気分で過ごさなくてはなりません。互いに行き来するルールをよく話し合って取り決めてはいかがでしょうか。訪問のルールだけでなく、しつけや教育方針など、世代間で違いがあるものについても話し合っておく必要があると思います。

身近な人との間で感情的な問題が発生した時には、自分の気持ちや要求を率直に表明する勇気を持つことが大切です。同時に相手を説き伏せようとするのではなく、受け入れる静かな心構えも必要です。無理に相手を変えようとする気持ちを捨てると、意外に相手が変わってくれることが多いものです。

相談

嫁と心が通じない

五十歳代後半の主婦。息子夫婦とは同居していません。二十歳代の嫁のことで相談です。嫁は今年初めに妊娠しましたが、私には黙ったままでした。息子が内緒で教えてくれました。その後、残念ながら流産してしまいました。嫁は流産のことも私には知らせてくれず、息子を通じて知りました。

嫁は実家のお母さんにはこのことを話し、実家で静養したそうです。私は嫁を実の娘のように思って接していたので、とても寂しく思いました。所詮、姑と嫁は心が通じ合えないものなのでしょうか。

嫁は今でも、よく我が家に立ち寄ってくれます。私も、何もなかったように接していこうと思っていますが、心の持ちようを教えてください。お願いいたします。

（東京・C子）

回答

お嫁さんを実の娘のように大切に思うあなたはとても優しい方なのだと思います。あなたの優しさに感謝すればこそ、お嫁さんも日頃から行き来するよう心がけているのでしょう。理想的とも思えるお二人の関係を今後とも大事にはぐくんでいくには、ほどよい距離感を意識することが大切です。

お嫁さんが流産をあなたに隠して、実家の母親を頼ったことに寂しさを覚える気持ちもわかりますが、実母とあなたとでは、これまでに築いてきた時間の長さが異なります。何もかもすべてを知らせあい、わかりあえる関係になろうと焦らないことです。互いの生活に遠慮や踏み込まない領域を持ちつつ、なお嫁を思いやることができる姑は、やがて実母に勝るとも劣らぬ存在となるに違いありません。

ひるがえって実母の愛にも盲点があります。我が子のすべてを知っていたい。なぜならこんなに愛しているのだからと迫る母の愛を重荷と感じて苦しむ子どもも少なくありません。今回の一件は、お嫁さんから隠し事をされて寂しく思うあなたの心に、実母と同じ盲点が芽生えていないか、チェックする良い機会かもしれませんね。

相談

帰省時にも近所の子どもを預かる義母

三十歳代主婦。年に一、二回、子どもを連れて田舎の義母を訪れ、一週間ほど過ごします。義母は早くに夫を亡くし、一人暮らしですが、義母宅には近所の人がよく集まり、支えあいながら暮らしているようです。

私が困っているのは、私たちの帰省中にもかかわらず、義母が近所の子を預かることです。その子は義母の友人の孫。義母は赤ちゃんの頃から自分の孫のようにかわいがり、今でも一番面倒を見ています。私たちは毎回たくさんのお土産を持って高い旅費をかけて帰省するのです。「長旅で疲れているから帰省初日は預からないで」と義母に頼むのですが、その子がやってくると受け入れてしまいます。外出する時も一緒に連れて行き、食事代も義母持ち。私にもなついてかわいいけれど、よその子の食事まで用意すべきなのか疑問に思います。私も親孝行をしたいのです。こんなことで何年も悩んでいます。(千葉・T美)

回答

お土産に頭を悩ませ、高い旅費をかけて帰省して、夫の母親に親孝行をしようというあなたの真摯《しんし》な気持ちは、よくわかります。あなたが一所懸命なだけに、あなた方一家のもてなしに専念してくれない義母への苛立ちも募るのでしょう。

しかし、義母には、あなた方が帰省しない間の長い生活があります。「郷に入っては郷に従え」と言いますが、帰省した時は、今の義母の生活をまずは受け入れ、そこにとけ込む努力が大切です。義母はよその子の世話を押し付けられている訳ではなく、むしろ喜んで引き受けているのではないでしょうか。人から感謝され、必要とされる喜びは、だれにとっても生きる力につながるほど、大切なものです。

義母は夫を早くに亡くし、さまざまな苦労を重ねてきたことでしょう。無事子どもを育て上げ、今日まで元気に暮らしてきたのは、地域の方々の支えあってのことと思います。帰省時には義母のこれまでの生活の苦労や喜びに耳を傾けてください。お世話になった地域の役に立ちながら穏やかに暮らしている義母の心境も、理解できるのではないかと思います。

違いを認めて、否定せずの心で

しつけや子育てをめぐって、子ども夫婦との間に意見の衝突が生じるのは、日常茶飯です。我が子と言えども、親になり、一家を構えています。日々の暮らしの中で、パートナーの考え方や生活習慣の影響も受けていることでしょう。ライフスタイルも価値観も、異なって当たり前。その点に気づかないと、思わぬ落とし穴にはまってしまいます。

ここで取り上げる最初の事例は、室内で犬を飼うことに反対して、「犬をとるか、私をとるか」と娘に迫ってしまった母(祖母)からのご相談です。娘さんがどちらを選んだかは、この後をお読みいただくとして、そもそもはこんな迫り方などすべきではなかった、と思います。

二つ目・三つ目の事例は、子どもを預けて働くことに実父母から反対されて苦しんでいる娘さんのご相談です。親は「子どもが小さいうちは、母親が家にいるべきで、母親が働きに出ると子どもの成長発達に支障が生じる」と信じて反対しているのでしょう。三歳児神話と呼ばれる考え方で、必ずしも事実でないことは、内外の研究知見から明らかです。

もっとも、まったく問題がないというわけではありません。母親が子どもを預けて働く場合には、仕事をするけれども、この子ともしっかり向き合っていこうという母親の心構えと共に、夫婦が良く話し合って、育児を協力しあうことが大切です。育児とバランスがとれる働きやすい職場環境や、預け先の保育所の環境が良好であることは言うまでもありません。こうした点を親がよく考慮し、周囲の協力を上手に得るよう、祖父母は相談にのってあげたいものです。やみくもに反対をすることは、厳に慎むべきです。

ここに登場する親はみな、自分の言っていることは絶対に正しいと信じて疑わず、だから娘も従うべきだと言わんばかりの威圧的な態度をとっています。そうした親の上から目線の姿勢ほど、子どもにとってつらく、煩わしいものはありません。

子ども夫婦との間に無用な衝突を避けるための親(祖父母)の心得は、三つです。第一に、「違いを認めて、否定せず」。第二に、子育ての最終的な責任は、親(子ども夫婦)にあると達観すること。第三に、助言をする時は、他人だと思ってマナーに気をつけること。言いたいことの半分くらいにとどめる心づもりが大切です。

Point

わが子も親となれば、他人。助言にもマナーを。

相談

幼児がいるのに室内で犬

六十代女性。首都圏に住む三十代の次女夫婦のことで相談します。

次女夫婦は共働きです。以前にマンションを購入し、同時に室内犬を飼い始めました。二人にその後、男児が生まれたので、私が犬を引き取ると言いましたが、次女は手放しませんでした。

孫は現在二歳。その家では犬が自由に歩き回り、家族と同じ部屋で寝ています。次女は孫と犬を触れ合わせ、手を洗わないまま孫を抱きます。

私は時々、次女一家を世話しに行っていましたが、孫が一歳になった頃、「犬がいるのでもう来ない」と宣言しました。でも、次女は私の手伝いより犬のほうが大事なようです。しかも次女は子どもを預けて仕事に復帰しました。

いろいろ説教しても、次女は聞く耳持たず。犬小屋と化したマンションのことを、実家で気をもむばかりです。次女にどう対処すればよいでしょうか。

（愛媛・C子）

回答

お孫さんを案じて、娘さん夫婦の子育てに心配を募らせるお気持ちはわかりますが、祖父母の役割にはおのずと限界と節度があるように思います。子育ての方針を立てるのは基本的に親の役割ですし、時代と共に生活スタイルや価値観も変化していることを、心に刻むことも大切かと思います。

ご相談の犬のことですが、近年は室内で飼う例が少なくありません。マンションに住む人が増えたためでしょう。ペットを家族と同じように大切に思う人も増えています。室内で動物と同居する際、特に乳幼児がいる場合には、衛生面に細心の注意を払うよう、助言することは必要かと思います。でもその先は娘さん夫婦の選択に任せることです。娘さんが子どもを預けて仕事に復帰したことも合点がいかないようですが、これも娘さん夫婦の決断です。預け先の保育環境を確認するように話し、困ったことがあったら手助けをすると一言伝えておけばよいでしょう。

娘といえども別の人格です。伴侶を得て一家を構えているのです。「違いは認めても否定はしない」という姿勢が年長者の心得かと思います。

相談

夫に子を任せてのパートに、親が反対

四歳と一歳の子がいる三十歳代女性。不況で夫の会社の残業が減りました。収入減で生活が苦しくなり、私も週三回深夜のパートを始めました。子どもを預ける人がおらず、夫がいる夜間のほうが出やすいからです。

ただ私の両親が反対。電話でもすぐにケンカになります。心配してくれる気持ちはわかります。でも夫とよく話し合った上で決めたこと。夫は家事、育児にも協力し、私が少しでも休めるよう気遣ってくれます。子どもたちの様子も今のところ変化はなく、上の子はかえって私に協力してくれます。職場には同じように子育て中の女性が多く、仲間にも恵まれています。

「子が小さいうちは家を空けてはいけない」と言う両親とは平行線のまま。父は「勘当だ」と言います。見守ってほしいのですが…。

（愛知・S美）

回答

景気は持ち直しているとは言われますが、依然厳しい状況が続いています。リストラや減収の影響を受けた家庭が景気回復の恩恵を受けるのはまだ先のことでしょう。家計を補うために妻がパートに出る家庭が少なくありません。あなたも育児に励む傍ら、深夜の勤めを持ってさぞ大変なことと推察いたします。不平も言わず、夫の協力に素直に感謝し、明るく家庭を営んでいるのは立派です。両親が心を一つにして乗り越えようとする姿が、幼いお子さんにも伝わっている様子がうかがえます。

問題はご両親の理解が得られないことですね。親元を離れ、一家をしっかり切り盛りしている三十歳代の娘に「勘当」を言い渡すとは、お父様も随分とかたくなになっているようです。就労時間が深夜であることを心配されているのではないでしょうか。あなたを大切に思って案じてくれていることに感謝し、まず辛抱強くご両親の意見に耳を傾けてください。その上であなたの考えや家族が一致団結していることを冷静に伝えましょう。ご両親もあなたが多方面に配慮し、熟慮して行動していることがわかれば、自分たちの心配が杞憂《きゆう》であったと認めてくれるでしょう。

相談

会社辞めろと迫る母

三十一歳の会社員です。近くに住む実母が異常なほど育児に口出しをするので困っています。一歳六か月になる娘は、言葉の発達がゆっくりなのですが、母は何度も電話してきて「あなたの育て方が悪いから言葉が遅いんだ。会社を辞め、育児に専念しなさい」などと言います。先日も、保育園へ娘を迎えに行く時に、私たち夫婦の家のローンについて保育士に話していました。私と口論になりましたが、母は「ぜいたくをするために夫婦共働きをしていると思われると、孫がいじめられるから」とくだらない理屈をこねました。

母は昔から自分が正しいと思うことを人に押しつける面があり、兄夫婦からは完全に無視されています。私は縁を切りたいのですが、実の母なのでできないことはわかっています。金銭面で援助してもらったこともあるのです。今後、どのようにつきあっていけばいいのでしょうか。

（岡山・S子）

回答

子どもの素行が悪くて親が悩むという話はよく聞きますが、子どもが親の言動に振り回される例も少なくありません。親は迷惑をかけているとは微塵《みじん》も思わず、それどころか子どものためと思っているのです。

援助をしてくれることはありがたいのですが、親の愛をかざして干渉を繰り返し、自らを謙虚に振り返る姿勢を忘れがちです。あなたのお母さんもそうしたタイプなのかもしれません。

お兄さん夫婦のように無視することも一つの方法かもしれませんが、親子の縁は切れるものではありません。葛藤を覚えながらも逃げずにつきあおうとするあなたに、人としての優しさ、強さを感じます。

でも、理不尽な言動を我慢することにも限界があるでしょう。聞き流せるものは黙っていても、あなた方夫婦の日々の生活や子育てで、これだけは守りたいと思うものは譲らない姿勢を貫くことが大切です。お母さんは簡単には変わらないでしょうが、辛抱強くつきあうご自分に、自信を持っていただきたいと思います。

4

家と家　つきあう心得
～マナーに始まり、マナーに終わる

通過儀礼の祝いは、無理せず・張り合わず

若い親にとって、不慣れな育児にはさまざまな困難が伴います。たとえどんなに四苦八苦したとしても、過ぎてみれば忘れられる大変さがほとんどですが、本当の煩わしさ、そして、後々にしこりを残しかねない問題は、両方の親や家とのつきあいのトラブルです。誕生を祝うさまざまな行事のたびに、どちらの実家が何をどう祝うかの駆け引きは、その最たるものです。一方の親が派手に祝いをすれば、他方の親もそれに負けじとばかりに張り合います。場違いなほど大きく立派な雛人形や節句の兜がいくつも贈られて、若夫婦の寝る所もなくなってしまった、などという話も時々聞きます。

双方の実家の経済力に格差がある場合には、問題はいっそう深刻になりがちです。経済的にゆとりのない親を持つ娘や息子は、相手側の親族や舅姑に対してみじめな思いをかみしめざるを得ないことでしょう。そんな子どもの立場を思って、老後の生活設計を危うくしてまで、通過儀礼のたびに法外な祝い金を捻出する親もいます。これでは折角の孫の誕生も素直に喜べなくなることでしょう。二人目、三人目が生まれると聞いただけで、ぞっとすると言う祖父母もいます。

互いに相手の立場を思いやって、自分の親に意見する事例もなくはないのですが、子ども夫婦からの申し出に素直に耳を傾けないのも、祖父母世代の頑固さです。それほど長年慣れ親しんだ地域の風習から抜け出すのは難しいということでしょうか。祝いの金額の多寡にこだわるあまりに、いつしか無意識のうちに「祝ってやった」という思い上がりとなって、高飛車な振る舞いをしたり、先方の実家の援助の少なさに不満を募らせたりもします。こうした親(祖父母)の態度は間違いなく子どもを傷つけ、親から心が離れたり、子どもの夫婦関係にもひびを入れかねません。

生まれてきた子どもの成長過程をどう祝うかは、親となった子ども夫婦がしっかり話し合い、自分たちでできる範囲で祝うことを基本としたいものです。そのうえで足りないものがあれば、子ども夫婦から親に援助を求めても良いでしょうし、その時は祖父母は気持ちよく、無理なく、できる範囲のことを心を込めてしてあげたら、いかがでしょうか。

Point

お祝いは無理せず・見栄を張らず。純粋に孫の誕生を祝うべき。

相談

余裕のない実家と派手な義父母

二十代の主婦。夫の実家は四百年以上続く旧家で、経済的にもゆとりのある暮らしをしています。一方、私の実家では父がほとんど利益の出ない仕事をしていて、家計は火の車です。双方の実家の習慣が違いすぎて困ることも多く、とりわけ私たちに男の子が生まれてからそれが多くなってきました。例えば、お宮参りの着物や五月人形は妻である私のほうの実家で用意してほしいと言うのです。夫によると、義父母は親類にきちんとしていることを見せたいという気持ちが強いそうで、それがいろいろな形で表れるのです。

父は「できるだけのことはしたい」と言ってくれますが、実家にそんな余裕がないのはわかっていますし、心苦しくてなりません。

夫が「負担になることはやめよう」と意見しても、義父母は納得しません。どうすればいいでしょうか。

（神奈川・R子）

回答

結婚生活で忘れてならない大切なことの一つは、男女ともに実家から自立して新しい家庭を築く努力です。結婚は育った家庭の習慣や環境を異にした夫婦によって営まれます。習慣や価値観の違いに悩まされることもありますが、互いの良さを取り入れて、自分たちにふさわしい家庭を築く心がけが必要なのです。

孫の誕生の祝いを充分にしてやりたい夫の両親の気持ちもわかりますが、通過儀礼はお金をかけるのが目的ではなく、子どもの健やかな成長を願う気持ちを込めた風習です。幸いあなたの夫は自分の親に意見を言える人のようですね。あなたの実家の経済力についても、はっきり言ってもらってはいかがでしょうか。

冠婚葬祭に関する価値観の相違で、双方の実家の間に立って気まずい関係にならないようにするには、夫婦が毅然《きぜん》として一致した態度を示すことが大切です。

一方で、日頃から夫の両親の家にもよく出入りして、孫をかわいがってもらう気配りをしてください。夫の両親も世間体よりも孫とのふれあいを楽しむほうが大切なことに、いずれ気づいてくれることでしょう。

相談

娘の嫁ぎ先の祝いが少ない

五十代パート女性。娘の嫁ぎ先のやり方に戸惑っています。娘夫婦の結婚式は両家の親のほか数人を招いたささやかなもので、費用は自分たち二人で出しました。その際、私と夫はお祝いに百万円を渡しましたが、相手の親は十万円でした。

昨年、初孫が生まれた際は、私が四十日間、娘と孫の世話をしました。私の地域では、世話になった嫁の実家に夫方からお礼として金銭を送る習わしがあるのに、相手は菓子折り一つ送ってきませんでした。娘婿は長男で、いずれ娘は向こうの実家に入りそう。でも、孫の初節句なども、相手の親は何もお祝いをしないでしょう。娘は「あてにしていないからいいよ」と言いますが、気遣いのない相手の親や娘の夫の気の利かなさに、私の気持ちはざわつきます。相手の親にこちらの風習などを伝えるべきか、悩んでいます。

（千葉・J子）

回答

冠婚葬祭の習わしは、土地や家によって随分と異なります。「郷に入れば郷に従え」と言うように、自分たちの風習が唯一と思い込まないことです。みんなで慶事を祝い、悲しみを分かちあって、励まし支えることを基本としたいものです。出費や労役の多寡を互いに比べて、心をざわつかせるべきことではありません。

幸い娘さん夫婦は、結婚式の挙げ方一つからもわかる通り、身の丈にあった暮らしを心がけるしっかりとした考えをお持ちのようです。また、婿方の両親の振る舞いも、適度な距離感と節度を持っているように思われます。

今後もお孫さんの成長に伴って祝い事が続くことでしょう。そのたびに実家の母親が、義父母からの祝い金の多寡を聞きただすような詮索を繰り返すとしたら、娘さんの心こそざわつくのではないでしょうか。「相手の親はあてにしていないからいいよ」という娘さんの言葉は、あなたにこれ以上の干渉はやめてほしいと言っているように思えます。いずれ同居の可能性もある先方の親の悪口を言わないことが、結婚した娘に対する母親としての最大の援助ではないかと思います。

相談

地域の風習にうるさい姑

二十代女性。近くに住む五十代の姑は、地域に伝わる昔からの風習を強要します。結婚した時は、着物で近所にあいさつ回りをさせられました。子どものお宮参りはベビードレスを着せようと思っていたら、「着物がいる」と言い張り、さらに「嫁の実家が用意するのが当たり前」と遠回しに言われ、悲しくなりました。夫の実家の表札には、同居していないのに夫の名前が書かれています。子どもに面倒を見てもらうのが当たり前と思っていて、最近は「隣に家を建てて、廊下でつなげる」と言ってきます。私と同年代の友だちにはこのようなことはなく、姑は時代が止まっているとしか思えません。

私は義父母を大切に思い、やるべきことはやるつもりです。でも、何でも習わしにしばられるのはどうかと思います。姑とは仲良くつきあっていきたいのですが、どうすればよいでしょう。

（大阪・T子）

回答

子育てや教育方針を決めるのは、基本的には親の役割です。祖父母は傍らで見守り、必要に応じて助言をするのが本来のあり方だと思います。お姑さんの干渉は明らかに度を越していますが、しかし、拒絶すれば事は済むかと言うと、必ずしもそうとは言い切れないのが、子育ての難しい所です。家やその地方の生活習慣を伝え、文化を継承していくことも、子育てには期待されているからです。

もっとも、互いの家の価値観や世代の差による考え方の違いもありますから、軋《あつ》轢《れき》は避けられないという覚悟が必要です。譲れない点はきちんと主張しつつ、時には姑の方針に妥協することも必要かもしれませんが、大事なことは日頃から夫婦でよく話し合っておくことです。その際、姑のやり方を非難しすぎないことも大切です。誰しも実家や親を大事に思っていますので、夫の気持ちをくみながら、じっくり話し合ってください。嫌な思いをしつつも、義父母を大事に思いたいという優しいあなたのことですから、お姑さんの希望も生かしながら妥当な方向を見つけられることでしょう。

互いの家の悪口は、タブー中のタブー

人間関係に好き嫌いを避けて通ることはできません。気まずい思いをした時には、愚痴を言ったり相手の悪口を言ったりして、憂さ晴らしをすることもあります。人の悪口は絶対に言わないという人もたまにいますが、あえて誤解を恐れずに言えば、よほどの聖人君子か、さもなくばだれに対しても気を許さない人のどちらかではないかと思うこともあります。だれかれ構わず悪口を言うことはいけませんが、心許せる人に限って、時には率直に胸の内を吐露するのは、人間の弱さとして認められてもいいかと思います。

ただし、極力、悪口を慎まなければならない場合があります。離婚問題などの民事を専門とする知人の弁護士から聞いた話ですが、夫婦喧嘩は、どんなに激しくやりあってもいい。ただし相手の親やきょうだいの悪口は絶対に言ってはならないとのことです。この夫婦喧嘩の極意を踏み外すと、関係の修復が難しいようです。自分の親やきょうだいの欠点は、自分のことを批判されるよりも心が痛むということでしょう。

結婚した娘や息子に義父母の悪口を言ってはいけないことも、同様です。自分の親が義父母を悪く言うのを聞いて、あなたの娘や息子が平気だったりしたら、問題です。パートナーの大切な親を悪く言われて、喜んでいるようでは、夫婦関係がぎくしゃくしているのかもしれません。

ここで取り上げたご相談は二つです。一つ目は、実母が義母の悪口ばかり言うことに悩んだ娘さんからのご相談です。実母が義母の悪口を言うのは、娘だから何を言っても大丈夫、と気を許しすぎているのかもしれません。娘が義母と仲良くやっていることへの嫉妬心も働いているのかもしれません。

二つ目は、嫁の父親の生前の行動に関して口を滑らせたことで、嫁と険悪になってしまったという姑からのご相談です。嫁に気を遣う姑が痛々しく、お正月に孫と会えないことを寂しく思う胸の内が伝わってきます。嫁の我の強さが悩ましく思われますが、自分の父親に関する負の情報が姑から伝えられたことが、ここまで嫁を頑なにさせたのでしょう。

Point

義父母の悪口を言う親ほど情けないものはありません。

相談

実母が義母の悪口

三十代の主婦。夫と二人の子の四人家族です。

実母は、私の夫の母のことが好きではありません。私に子どもが生まれてから宮参りやお食い初めなどで「二人の母」が顔を合わせる機会が何度かありました。その後で、実母はきまって私に義母の悪口を言います。無神経だの、厚かましいだの。実母の言い分もわからないではないですが、良い悪いではなく、二人の考え方が違うだけだと思うのです。義母に悪意は全くなく、私をとてもかわいがってくれます。

実母と義母を会わせると、後で私がつらくなる。それなのに、二人からそれぞれ「運動会を見に行きたい」と言われ困っています。片方だけ呼ぶのは悪いと思うし、孫を見たい気持ちもわかる。でも、呼びたくない。夫に相談すると、「またか」という顔をします。

(大阪・E美)

回答

いまだに結婚すれば嫁姑関係に悩む人が少なくない中、あなたはお姑さんと仲良くやっているのですね。それなのに実母が姑の悪口を言うとは困ったものです。原因はいろいろかと思いますし、それによって対策も異なります。まずだれにも相性の良し悪しがあって、理屈を超えた好き嫌いに左右されることもあります。子どもの結婚によって縁戚《えんせき》になったとしても、親同士の相性が合うとは限りません。無理に仲良くさせようと気を遣わず、実母と姑が運動会で一緒になっても、そこは大人同士の関係に任せて、あなたはどっしり構えていれば良いでしょう。

実母が姑を嫌悪する理由は「嫉妬」ではないかとも思います。あなたが姑と仲良くすればするほど、娘をとられたような、自分がのけ者にされたような寂しさを募らせているのではないでしょうか。なるべく実母の前では姑のことを話題にしたり、ほめたりしないこと。むしろ折に触れてお母様を大事に思っていることを伝える努力を、陰ですることが必要かと思います。実母といってもあなたとは別人格。欠点も含めて母親の言動にいちいち左右されず、聞き流す度量を磨くことも必要です。

相談

嫁とは断絶。孫にはお年玉をあげたい

六十代女性。夫は亡くなっており、独身の次男と暮らしています。長男一家は隣町に住んでいますが、半年ほど前に長男の嫁とケンカになり、それから一切連絡がなくなりました。ケンカの原因は、嫁の父親が以前、私の夫から数百万円の借金をしていたことについて、私が嫁に話してしまったことです。この件は長男に長らく口止めされていたのですが、口を滑らせてしまいました。嫁は「死んだ父の悪口を言われた」とえらく怒ったようです。長男に「しばらく連絡しないほうがいい」と言われて、その通りにしていますが、家の行事があっても嫁からは梨のつぶて状態です。次男は「連絡があるまで放っておこう」との意見です。嫁の怒りが収まるのを待つか、それとも私から謝りの連絡を入れるか、迷っています。もうすぐお正月。その時も長男一家が我が家に顔を出さないようなら、孫にお年玉を送ってもいいでしょうか。

（大阪・C子）

回答

嫁姑の確執はいつの時代も絶えることがないとはいえ、随分と様変わりをしたものですね。あなたがどうしてここまで遠慮をされるのか、切なくなります。

本来であれば、お嫁さんはあなたに怒りをぶつける前に、父親に代わって、かけた迷惑を謝る気持ちがあってもよいのではないかと思います。恐らく父親の借財について聞かされたショックが、彼女をかたくなにさせているのでしょう。一方で、あなたも、この件を今日まで口外せず、よく我慢をしていらしたと思います。しかし、納得しきれない思いもあったのではないでしょうか。つい口を滑らせたレベルを超えて、きつい言い方をしてしまったのかもしれませんね。いずれにしても、ここは年長者のあなたが一歩譲って、元通りの関係に戻りたいと息子さんを通して伝えてもらってはいかがでしょうか。そのうえで、あとはどっしり構えていましょう。

なお、お孫さんへのお年玉のことですが、嫁姑関係と孫は別です。こういう状況になってもなお、孫を思うあなたの優しさを伝えることに、ためらう必要は何もないと思います。

義理の関係だからこそ、マナーを

「雄弁は銀。沈黙は金」は、有名なことわざです。人間関係のトラブルの原因の一つに、「舌禍」があることを考えると、昔の人の知恵はさすがだと思います。

「舌禍」はおうおうにして、自分が得意絶頂の気分でいる時に、特に親しい人に対して起こしがちです。元凶は、親しい関係なら何を言っても許されるという甘え。そして、自分にうれしいことは、他の人も一緒に同じくらい喜んでくれるはず、自分にとって楽しい話は、聞く人も楽しいはず、という錯覚です。

こんな誤解と錯覚を引き起こしかねないのも、孫のかわいさが原因です。とりわけ娘孫のかわいさは格別で、うれしさのあまり有頂天になる祖父母は少なくないようです。その揚句に、周囲が見えなくなって、言ってはいけないことを言って、相手を不快にさせたり、傷つけたり。しかも、自分の言動のお粗末さに気づかずに有頂天になるのですから、始末に負えないこと、限りありません。

舌禍の相手が娘の結婚相手の親、義父母やその親類だったら、ただ先方を不快にさせたということでは済みません。「なんて無神経な親」とあなたがあきれられるだけでは、済まないのです。あんな親の娘だからと、大事な娘さんの評価が落ちて、娘さんが親族の中で居心地の悪い思いをすることもあるでしょう。

有頂天になって、転んだり大けがをしたりしないために、転ばぬ先の杖はどうしたらよいのでしょうか。

迷った時は冒頭のことわざを思いだしてください。孫のかわいさ、とりわけ娘の孫のかわいさに、有頂天になりすぎないことです。「孫は魔物だ」と心に刻んでください。自分の喜びは、どんなに控え目にしても、しすぎることはないと、自分に何度でも言い聞かせてください。あなたにとって、どんなにかわいくても、他人が同じように思ってくれるとは限らないと、少しニヒルにひいて考えることも、必要です。

他意なく、はしゃぎすぎて、うかつに言ったことが、相手をひどく怒らせた後で、「実は他意がなかったのです」と言っても、そんな弁解は通用しないのです。

Point

孫かわいさの油断と気の緩みは、厳重注意。

相談

姑「嫁の子より娘の子」

先日、義妹が出産しました。喜んだ姑は、私の両親に対し、「こんなことを言うと腹が立つと思いますが、やっぱり娘の子どもは、嫁の子どもとは比較にならないほどかわいい」と言ったそうです。信じられません。私の両親も、あきれて何も言えなかったそうです。娘の子どもがかわいいのはよくわかります。でも嫁の両親に言うのはどうかと思います。非常識です。嫁の私に不満があり、当てつけに言うのでしょうか。

こんなことがあってから、姑に会うのが嫌になってしまいました。子どもを会わせたくありません。両親も頭にきていますが、私に対しては「(姑には)今までどおり接しなさい」と言います。いろいろなことを考えてしまって頭にくるし、寂しい思いもあるし、どうしたらいいか、わからなくなりました。

(岡山・B子)

回答

娘が産んだ孫は理屈抜きでかわいいという話はよく聞きます。しかし、言わずもがなのことを、まして嫁の子と比較して、嫁や嫁の両親の面前で言うとは、非常識極まりない話ですね。相手が孫のかわいさを比べるのなら、「私だって、実家の親のほうがお姑さんより大事ですわ」と切り返せれば、気が済むことでしょうが、子どものケンカみたいでお勧めできません。ここは一つ、あなたの両親の助言に従って、気にしないのが大人の解決策ではないでしょうか。あなた方に悪意を持って言っているのかどうか、日頃のおつきあいを振り返ってみる必要はありますが、おそらく姑は孫が授かったうれしさに有頂天になって、高揚した気分で思ったことを口にしただけで、案外邪気のない人のようにも思えます。あなた方には何を言っても笑って許してもらえる、という安心感が言わせた言葉と考えられなくもありません。

悔しい気持はわかりますが、言われたことにいつまでもこだわらず、姑にかわいがってもらえる子に育てたほうがよいでしょう。姑もお子さんにとっては大事なおばあちゃんの一人ですから。

異文化体験の心づもりで

結婚生活は最大の異文化体験。「異文化を体験したければ、わざわざ海外旅行に行かずとも、結婚すればいい」とまで言う人もいます。トマトは皮を剝いて食べるか皮ごと食べるか、年越しそばは温かいつゆそばか冷たいざるそばか、家庭内での夫婦の呼び方等々、結婚して実際に一緒に暮らし始めて、こんなに違うのかと驚いたり、それがもとで夫婦喧嘩に発展したりする例は、枚挙に暇がありません。

人々の食文化や日々の暮らしの違いをネタにして人気を博しているテレビ番組もあります。題して「秘密のケンミンＳＨＯＷ」。この狭い日本で、しかも、情報伝達が進んでいる今の日本で、こんなにも自分が知らない生活習慣があるのかと思います。バラエティ番組ですから、スタジオに出演するタレントさんたちのオーバーアクションも加わって、驚きに拍車がかかるという仕掛けです。

しかし、この番組の本当の面白さは、部外者から見て驚く習慣も、当事者たちはごく当たり前だと信じ切っていることです。「他では、同じことしていないの？」と目を丸くするシーンが毎回出てきます。第三者から見ると、珍奇にも思える生活習慣も、当事者にとってはごくごく当たり前。自分たちだけの特別な習慣だったなんて、思いもよらなかったと、逆に驚くのです。そこでまた新たにスタジオに笑いが起こるという番組です。

「秘密のケンミンＳＨＯＷ」では、素朴に驚き、笑って楽しめる習慣や文化の違いも、結婚した相手の家と家とのつきあいとなると、そうはいきません。しつけや教育にかかわると、さらに問題がややこしくもなります。問題が複雑化しそうになったら、原点に帰るのが鉄則。つまり孫（子ども）のしつけや教育は子ども夫婦（親）が考え、決定すべきで、祖父母が出過ぎてはいけません。

それでは祖父母の腹の虫は治まらないかもしれません。その時はテレビ番組「秘密のケンミンＳＨＯＷ」にゲスト出演するタレントの乗りを参考に。「えーっ。うそ！」「信じられない！」を連発して笑って済ませましょう。けっして悪口を言ってはいけません。

Point

習慣の違いには、敬意と笑って済ます余裕を。

相談

夫の家「祖父母には敬語」

三十代女性。小学生の子どもを育てていますが、夫の両親、つまり子どもの祖父母に対して敬語を使わせるかどうかで悩んでいます。

夫の実家では、「親には普通の話し方でいいが、祖父母に対しては敬語を使うのが当然」と考えています。夫もそう教育されてきたと言います。しかし、夫は祖父母にだけ敬語を使うように言われることに違和感を覚えて、祖父母とは距離を置くようになったそうです。そのため夫は自分の子には無理に敬語を使わせなくてもいいと考えております。義父母はいつも身なりをきっちりとしていて、厳格な方。私の実家はごく普通の家庭で、身内に敬語を使う習慣がありません。私も夫と同じで無理に敬語を使わなくてもいいのではと考えています。夫婦の考えは一致していますが、本当にそれでいいのか悩んでいます。現在、親類の子は義父母に敬語を使って話しています。

（福岡・K子）

回答

敬語と一言で言っても、相手を敬ったり、自分がへりくだったりと、種類もさまざま。使い方についても、人によっていろいろと意見があるようです。

私は敬語を年長者や話の聞き手を尊重する心を基本とした日本語特有の美しい伝統として、子どもや若い人にも大切に伝えていきたいと考えています。

ただ、小さい子どもに形だけ強制すると、年長者を敬う気持ちが失せるばかりか、かえって関係をこじらせてしまうこともあります。あなたの夫が敬語を使うことがいやで祖父母を敬遠されたというのも、そのあたりが問題だったのではないでしょうか。年長者だから敬語を使うというのではなく、考え方や生き方が尊敬できて、自然な形で敬語が使える関係を家庭内ではぐくめたら、それが一番望ましいように思います。大切なことはＴＰＯをわきまえて、礼節ある会話ができる力を子どもに身につけさせることです。そのためにも、まずご家庭で祖父母を大事に思う気持ちをお子さん方に伝え、それをどのように言葉に反映させるのか、ご夫婦で良い手本を示されてはいかがでしょうか。

5

孫から贈られる新たな出会い

～ピンチをチャンスへ

孫が生まれて、親子関係に新たな展開

孫の誕生は、祖父母にさまざまな贈り物をしてくれます。おっぱい臭さと柔らかな肌、つぶらな瞳。最高のプレゼントです。孫を見ていると、その愛らしさに溶けてしまいそうになることでしょう。長い間忘れていた感触です。人生の第二ステージに、これほどの至福を味わわせてもらって、やっぱり子育てに励んで来てよかった…。これまでの苦労も忘れさせてくれる…と思えます。

でも、人生はそれほど甘いことばかりでは、実はないかもしれません。孫の顔を思い浮かべながら、心浮き立たせている祖父母に、思いがけない矢が放たれてくることがあります。それも実の我が子からです。特に実の娘が実の母に対して、「あなたはなんとひどい母親だったか」という恨みを込めた矢が放たれ、刃を向けられることがあります。信じ難いことかもしれませんが、近年、急増していると言っても過言ではありません。

その一例として、ここに二つのご相談をご紹介します。一つ目は、娘から出産の手伝いを断られてしまった母親のご相談です。二つ目は、娘が母となった時、自分は母親から愛され

なかったという思いが湧き出て、苦しんでいるご相談です。

本書の最終章に、なぜこういうテーマを選んだのかといぶかる読者もおられることでしょう。もっと心弾む話題にしたかったのも、正直な思いです。でも、現実から目をそらして、明るい話題だけで締めくくることもできません。

親というのはさまざまな過ちをおかします。良かれと思ってしたことが、実は子どもを深く傷つけていることも、たくさんあるのです。でも、子どもは言えずに大人になった。言えなかったというよりも、子ども自身もはっきり自覚することなく、悶々としていたというのが事実かもしれません。子ども自身が親となった時、これまで自分と親との間に横たわっていたわだかまりに、初めて気づくことができたのです。ここからがスタートです。わだかまりの正体をしっかり見つめ、互いに率直にぶつかりあうことが必要です。子どもに味わわせたことは、二度と孫に経験させないとの覚悟で、挑戦してください。壁は乗り越えるためにあります。気づいた時がやり直す時。孫の誕生からの何よりの贈り物です。

Point

孫育ては、子育てのやり直し。

相談

娘から出産の手伝いを拒否された

六十代の公務員女性。娘の出産を手伝うつもりが「来ないで」と断られました。娘は遠方に嫁ぎ、初孫の時は産後の手伝いに行きました。「今回は夫と夫の両親の世話になる」と言います。私がその件であちらのお母さんに連絡をしたことを知った娘が怒って電話をかけてきました。「顔も見たくない。二度と来るな」と怒り、さらに「お母さんにはどなられてばかりで何一つ良い思い出はない。お金をもらったことしか覚えていない」と言われました。私の夫は企業戦士で今も単身赴任中。娘が小さい時には、パートに家事にと孤軍奮闘し、疲れてどなり散らしていたことは事実だと思います。公務員試験を受けて合格してからは、子どもの幸せは立派な教育を受けさせて一流企業に入れることだと、習い事や塾、学費にお金をかけてきました。娘の結婚費用や家の購入費も五百万円援助しました。私はそんなに悪いことをしたのでしょうか。　（千葉・K子）

回答

お産の手伝いに行こうとしたのに、来ないでほしいと言われてしまったのは、本当にショックですね。これまで苦労し、精いっぱい育ててきた親の気持ちがなぜわからないかと、憤まんやる方ないことでしょう。

通常であれば、お産の時は一番実家の親に頼りたくなるものです。それなのにあなたを拒絶しているということですから、それだけ娘さんが傷ついていることに気づくべきではないでしょうか。失礼を承知で申し上げれば、こうした事態に直面してなお、これまであれもこれもしてやったではないかと数え上げ、揚げ句に「私はそんなに悪いことをしたのでしょうか」と書いておられることからも、子ども時代の娘さんの気持ちに無頓着だったのではないかと想像されます。

娘さんは自身が母となって我が子の愛おしさを知り、かつてのあなたの態度に納得のいかない思いを募らせているのです。あなたにも言い分はおありでしょうが、それを主張する前に娘さんの気持ちによく耳を傾けてください。娘さんの反抗は、あなたの愛を今一度求める叫びにも聞こえます。

相談

母の愛情表現に嫌悪感

三十歳代主婦。幼い子どもがいます。子どもを産んでから、母親のありがたみが身にしみるどころか、逆に嫌悪感が強くなってしまいました。母親に虐待されていたわけではありません。行きたい大学にも進学させてくれました。今も親の購入したマンションに住まわせてもらっていますし、買い物にもよく連れて行ってもらいます。

それなのに、子ども時代を思い出し、「悩みを打ち明けた時に『くだらない』という態度をとってほしくなかった」「本当はこう言ってほしかった」「愛情で満たしてほしかった」など、ぐるぐる考えて眠れなくなることもあります。

経済的に援助してくれることが母親の愛情表現、ありがたいことなのだと、自分に言い聞かせているのですが…。この感情はどうしたら消えてくれますか。将来、娘には同じような苦しい思いはさせたくありません。

（千葉・D子）

回答

今のあなたの気持ちを知ったら、お母様はさぞ驚かれるでしょう。何不自由なく育て、今なお経済的援助までしているのに、何と恩知らずな娘だと激怒し、悲しまれるかもしれません。しかし、あなた方の関係の一番の問題は、そうした率直なぶつかりあいがなかったことです。それだけあなたに対するお母様の抑圧が強かったのだと思います。物も教育も十分に与えてもらっていればこそ、親の期待に応えようと必死で良い子を演じながら大人になったのではないですか。ご自身が親となって、本来であれば親の恩に感謝すべき時に、逆に母親の態度に疑問を抱かざるを得ない心境は、さぞおつらいでしょう。でも、ようやくあなたは母親の呪縛《じゅばく》から解き放たれる機会を得たのだと思います。同じ過ちを繰り返さないためにも子ども時代の思い出を振り返り、親にされて嫌だったことは子どもにしないことです。

ただお母様も良かれと思って懸命にあなたを育ててくださったのです。ちょうど今のあなたと同じように。率直にぶつかるにしても、そのことを心に留めて、言葉を選んでいただければと願っています。

実の孫の祖父母から地域の祖父母へ

祖父母のための本書も、いよいよ最終章の最終項となりました。これまでの「人生案内」の中から、祖父母に関したご相談と回答を選ぶ作業もそろそろ終わりという時に、飛び込んできたのが、ここにご紹介する三人のお子さんのいる三十代の主婦のお手紙でした。仕事と子育ての両立に苦しんで、大好きだった正社員の仕事も辞めざるを得なかった悔しさが、紙背に滲み出ているお手紙でした。こうした経験をされた方なら、国や地域の子育て支援策がもっと充実してほしいと訴えてもよいのですが、逆にこの方は「子どもは親が育てるものだと声を大にして訴えたい」と言います。

一体、なにが彼女をここまで思いつめさせているのでしょうか。実はそこに祖父母の存在があったのです。職場の同世代の仲間が祖父母の協力を得て、楽をして子育てをしている。一方、自分は頼れる祖父母がいなかった。だから「子育てを祖父母任せにする人が許せません」と、強い憤りの言葉が綴られているのです。

祖父母の皆さんが、実のお孫さんのお世話と子ども夫婦の手助けに力を注ぐ姿を見て、悲しい思いと妬ましさを募らせている人がいることを、まず知っていただきたいと思います。
それではどうしたらよいのか、その解決先を最後に、ご一緒に考えてみたいと思います。

近年は少子高齢化対策の観点からも、育児に祖父母の参加が求められています。自身の子育てや仕事や地域での活動など、豊かな経験に恵まれた祖父母世代が、その力を孫の育児に注いでくださる意義と役割が大きいことは、いくら強調しても、し足りないほどです。

でも、それが実の娘夫婦や息子夫婦の孫育てにだけ限られるとしたら、もったいないと私は思います。実の孫だからこそ、のめりこみすぎてしまう弊害もあります。孫への愛情過信から過干渉に陥って、子ども夫婦を苦しめたり、彼らが親として成長していくチャンスを心ならずも奪ってしまうという弊害も指摘せざるを得ません。同時に子ども夫婦の側にも甘えがあって、身勝手な思い込みで祖父母との関係を歪めている事例も散見されます。

こうした弊害は、端的に言えば、血縁に頼りすぎた関係ゆえの問題です。折角の祖父母力を、もっと広く、もっと有意義に生かしていただきたい。そんな願いから始めた試みを、最後にご紹介させていただきます。それは、私が代表理事を務めるNPO法人あい・ぽーとステーションの企画運営で、「地域の祖父母」になっていただくための人材養成講座です。

まず、その一つは、主に子育てが一段落した女性を対象に、二〇〇五年から開始した「子育て・家族支援者」養成講座です。

当初は今の時代、貴重な時間を使って講座を受け、少なからぬ労力を使って、他人の子どものために活動してくれる人などいるのかと、この講座の開催を危ぶむ声も少なくありませんでした。しかし、東京都港区から始めた講座も、現在では千代田区・千葉県の浦安市・愛知県の高浜市にまで及んで、既に千百名を超える支援者が誕生されています。各地の子育てひろばや児童館等で実施されている一時保育の担い手として、また子育て家庭に出向いての訪問型一時保育者として、さらには家庭的保育の保育者としてそれぞれの地域の実情に応じて、地域の子育て世代の親と子に寄りそったすばらしい活動を展開されています。地域の子どもたち、そして、その親たちの役に立ちたいと願う中高年世代がたくさんいてくださるのです。そして、この講座が成功している背景には、どのNPOの活動にも、各地（港区・千代田区・浦安市・高浜市）の行政ががっちりとスクラムを組んでくださっていることも、忘れてはならないことと考えます。日本社会の潜在力を感じると言ったら大げさでしょうが、まだまだ捨てたものではありません。

二つ目は二〇一三年春から開始した「子育て・まちづくり支援プロデューサー」養成講座（住友生命保険相互会社「未来を強くする子育てプロジェクト」助成事業）です。特に団塊世代の男性を対象として、長年、企業人・社会人・職業人として培ってこられた経験や資格・特技や趣味などの豊かな経験を、地域の子どもたちのために生かしていただく講座です。この講座の開始に際しての思いをＮＨＫの「視点・論点」で私がご紹介した原稿をこのあとに再録いたしますので、ご覧ください。高度経済成長を闘い、低成長期の国際競争を生き抜いてきた男性企業人の出番で、「プロデューサー」は祖父世代。まさに祖父母力全開の時です。読者のみなさまも、どうかこの一員に加わってくださることを願っております。

相談

育児の祖父母任せは不愉快

三人の子を育てながらパートで働く三十代主婦。子育てを祖父母任せにする人が許せません。子は親が育てるものだと思うからです。

私たち夫婦の実家はどちらも遠方です。長女が小学校に入るまで私は正社員でした。大好きな仕事でしたが、次々に病気になる子の看病のため、悩んだ末に退職。住宅ローンがあり、保育園などに子どもを預けて働いています。子育てしながら正社員で働く以前の同僚は、みんな祖父母の援助があります。食事や入浴の面倒を見てもらい、自分はゆっくり食事を食べ、買い物にも行けます。家も新築してもらいローンもない、恵まれた人が多いのです。

会社を辞めることで時間にゆとりができ、子どもの成長を身近に感じることができました。辞めたのは正しかったとわかってはいますが、同僚への嫉妬心も消えません。

（滋賀・E子）

回答

子育ての喜びを実感しつつも、周囲の協力を得て仕事を続けている同僚をねたましく思うのですね。育児のために大好きな仕事を辞めざるを得なかった無念さが思われます。今、日本には、仕事か育児かの選択に苦しんでいる女性が少なくありません。仮に子育てはすべて親の責務だとしたら、あなたと同じ苦悩を抱える人を増やすだけではないでしょうか。子どもが病気の時は看病のために仕事を休めたら、あるいは安心して預けられる病児保育が整備されていたら、あなたも仕事を続けられたことでしょう。また祖父母の協力を得ている人が目につくようですが、一般的にはそういう人ばかりではありません。実の祖父母に代わって、地域の祖父母世代の活躍が各地で始まっています。その方々は、自分が育児に孤軍奮闘したつらい経験を若い世代にさせてはならない、との思いから活動されています。親が育児に励むためにも、子育ての苦楽をみんなで分かちあえる社会を築くことが必要です。育児と仕事のはざまで苦悩したあなたの貴重な経験を、今後他の人を助ける活動につなげてくだされればと思います。

視点・論点

団塊世代男性の地域貢献

このたび、中高年男性の職業経験とパワーを、地域に生かしていただくことを目的とした講座を、東京都港区でスタートいたします。この講座は、「子育て・まちづくり支援プロデューサー養成講座」ですが、副題として、「ベテラン企業人が現役時代の名刺で勝負！」とうたっています。

企画の趣旨からご説明いたします。今、団塊世代前後の方々が定年を迎えています。これまで仕事一筋で生きてきた男性たちですが、この先、何をしたらよいか、ようやくできた自分の時間の使い方に悩んでいる男性が少なくありません。そばうちや陶芸などの趣味に生きる人、あるいは孫の世話をするイクジイも多いことでしょう。でも、それだけでしょうか？この世代は、高度経済成長を支え、低成長期の厳しい国際競争の中で生きてきた方々です。企業人・職業人として培ってきた技術・経験は地域や国の大きな財産・宝です。その宝を、これからは、ぜひとも地域の子どもたちのために、地域のまちづくりのために生かしていただきたい、と願って企画した講座です。とはいえ、これまで、男性にとって、地域は無縁の世界だったかもしれません。職場と家庭を往復するだけの人生だった。いきなり地域に出て、と言われても、どこに何があるのか、どこにどういう人がいるのかわからなくて、戸惑うことでしょう。

一方、地域の側も、企業人、とりわけ男性が地域に出てくることを、これまでは敬遠する傾向がありました。部長だったとか課長だったという、現役時代の肩書きをかざして、地域にはなじめない存在だ、とも言われてきました。たしかに、肩書きへのこだわり・妙な名誉心は不要です。それは上手に乗り越えていただくことが必要かと思います。でもこの世代の方々が、仕事を通して築いてきたものは、肩書き人間のプライドだけではないと思います。「営業」「経理」「人事」「情報システム」「総務」「企画」「製造・技術」、こうした部門で磨かれた豊かな発想とスキルと経験、何よりも組織人として生きてきた見識があるはずです。それが上手に地域に生かされれば、地域も豊かになるのではないでしょうか。これまで女性と子どもだけの世界だった地域に、新たな息吹を吹き込んでいただくために、現役時代の企業人の経験を生かして「名刺で勝負!」していただく企画なのです。

それでは、具体的にどのような活動が考えられるでしょうか。例えば地域の保育や子育て支援現場、あるいは教育現場のバックオフィスとしての支援が考えられます。保育者や教員は、日々子どもや保護者とかかわっています。それぞれの専門的な仕事の他にも、施設の管理・経理・防犯、広報、地域とのネットワークづくりなどの仕事に追われています。定年後の団塊世代の方々が、長年の仕事を通して得た知識と技術を発揮して、支えてくだされば、保育者や教員は専門の保育や教育に専念する時間が増えます。私は、この講座を企画運営する子育て支援のNPO法人の代表理事もしておりますが、そこには長年、企業で経理を担当してきた男性がいます。日々のお金の出し入れやスタッフの給与計算など、法人の経理全般を見てくれていて、とても助かっています。全国には、NPO法人がたくさんありますが、専門性と当事者性には優れていても、運営が苦しい、経理が苦手。助成を受けたくても、応募の仕方や企画書の書き方がわからない、行政や他機関との連携に苦労しているという声も少なくありません。そこに、企業人の知識や技術が生かされれば、互いに得るものが大きいことは、経験からも実感しているところです。

また小学生や中学生が将来の職業観をはぐくむためには、団塊世代の方々が、内外の仕事の現場で培ってきた経験談に勝るものはないと思います。友だちとの関係に悩んだり、いじめに苦しんでいる子どももいます。人生経験豊かな中高年男性が身近に寄りそって、話を聞いてくれたら、どんなに励まされることでしょう。さらには、今、多くの自治体が外国からの人々を迎え入れています。商社等には世界各国で仕事をしてきた人材がいます。豊かな語学力と異文化経験を地域の国際交流に生かしていただければ、グローバルな観点からのまちづくりができることと思います。以上は、団塊世代の男性たちの地域貢献として考えられる活動の一例ですが、こうした活躍をしていただくための講座の内容について、ご説明いたします。

まず、子どもの心理や発達について学び、子育て支援に関する施策や地域の資源等について知っていただくことから始めます。子どもや地域の子育て支援は、全くと言っていいほどなじみのない世界だという男性も少なくないと考えられるからです。また、コミュニティ・デザインについては、各自の経験を出しあい、それを、行政や地域の関係機関とどうつなぐかについて学びあう、ワークショップ形式の時間も用意いたします。そのためには行政担当者や企業からの講師人も予定しております。

この養成講座は、ある生命保険会社(住友生命保険相互会社)の「未来を強くする子育てプロジェクト」の助成を得て、NPO法人あい・ぽーとステーションが企画運営するものです。認定もNPO法人の認定となりますが、認定後の活動については、各地の行政と連携し、相談しながら、新たな地域のニーズを発掘し、これまで行政だけでは担えなかった分野を積極的に支えていくという、提案型の活動を予定しています。まさに行政と企業とNPOの協働で、地域創造を目指した新たな取り組みです。連携先の行政としては東京都の港区と千代田区、千葉県の浦安市を予定しております。その理由は、企業人がたくさん活躍している行政区であるだけでなく、実はこの三つの自治体は、NPO法人あい・ぽーとステーションと協働で、二〇〇五年から地域の子育て・家族支援者養成に取り組んできた自治体です。すでに千百人を超える支援者が誕生し、施設での一時保育や地域の子育て家庭に出向いての支援に活躍しています。しかし、支援者のほとんどは、子育てや仕事が一段落した女性です。地域は女性によって支えられていますが、この実績をもとに、今度は男性たちの地域デビューを企画した次第です。企業人が地域に参画してくださることで、地域に新たな可能性が芽生えることを期待しております。

(二〇一三年二月十四日)

付記

本講座開始に際しての記念シンポジウムを二〇一三年二月二十四日、東京都港区六本木(@ハリウッドホール)で、養成講座は三月から港区南青山の子育てひろば「あい・ぽーと」で開催いたしました。シンポジウムには団塊世代前後の男性だけでなく、若い世代の男性、子育て中の女性、地域の子育て支援者、国や自治体の行政担当者、報道関係者など三百名を超える方々が参加されました。シニア世代の男性の子育て支援を核とした地域貢献活動に対する関心の高さがうかがえました。シンポジウムに続く養成講座には五十三名が受講され、三十時間に及ぶ講座を毎回、非常に熱心に受講されました。講座終了に際して、受講者から地域のための活動について魅力的な提案が出され、現在、その具体化にむけて鋭意準備中です。

おわりに

東京堂出版の編集者から、祖父母のための本を書くよう依頼を受けたのは昨年のことでした。ここ数年、団塊世代前後の方々が定年を迎えたり自身の子育てを終えて、第二の人生に入っています。そこで注目されているのが、「祖父母力」です。育児に追われてゆとりのない親世代にとって、祖父母は頼もしい助っ人であり、少子化対策・子育て支援の視点からも、その存在に期待が寄せられています。時宜を得た企画と思って、ご依頼をお受けしました。

ただ、私は孫育てのためのハウツー本を書くことには気が進みませんでした。時代と共に育児方法も変化していますので、祖父母が最新の育児知識や技術を知ることは大切です。それは類書に委ねるとして、私は祖父母の心得について考えてみたいと思いました。祖父母の存在が注目されるにつれて、祖父母自身から、また子ども世代からの相談が急増しています。祖父母も子どもも互いに相手への思い込みが強く、自分の思いが通じないことに葛藤を覚えています。

このことに気づかせてくれたのが読売新聞の「人生案内」です。事実は小説より奇なりの言葉通りに、相談事例は人生や人間関係の機微に富んでいます。ここから祖父母に関して私が回答した事例を選んで解説をつけましたが、随所で祖父母の心得として節度の大切さを求めています。これは読者に向けてというよりも、私自身に向けた自戒です。本書の執筆中に、私も祖母になりました。パリで働く娘夫婦が初孫を見せに一時帰国してくれた時が初校の時。孫の愛らしさに心が溶けそうになる数日間を過ごし、彼らがパリに帰った後の虚脱感をかみしめています。孫はかわいい。いつまでも抱きしめていたいほどの愛らしさに危うさを覚え、「孫は来てよし、帰ってよし」という言葉に、先人の知恵を思います。

本書の出版に際しては、たくさんの方にお世話になりました。まず人生案内の使用をご快諾下さいました読売新聞社様に、御礼を申し上げます。九年に亘る人生案内の原稿を紐解きながら、歴代の担当記者の方々のお顔が懐かしく思い出されました。とりわけ田渕英治記者には、本書の刊行にお力添えをいただきました。また画家の蒲原元さんには、素敵な表紙と挿絵を描いていただきました。最後に、東京堂の編集者成田杏子さんには、本書の企画をご提案いただき、さらに遅筆になりがちな私を励ますと共に、随所で的確なご助言をいただきました。本書が無事、上梓の運びとなったのは、一重に成田さんのお陰です。

お世話になった皆様に感謝を申し上げて、筆をおかせていただきます。

二〇一三年四月

大日向雅美

＊本書は読売新聞「人生案内」（二〇〇四年一月〜二〇一三年一月）の著者回答分を編集しました。まとめるにあたり、掲載当時の内容を一部変更した箇所がございます。

〈著者紹介〉

大日向雅美（おおひなた・まさみ）

1950年生まれ。恵泉女学園大学大学院教授。お茶の水女子大学卒業、同大学院修士課程修了、東京都立大学大学院博士課程修了。学術博士。専門は発達心理学（親子関係・家族関係）。1970年代初頭のコインロッカー・ベビー事件を契機に、母親の育児ストレスや育児不安の研究に取り組む。2003年よりNPO法人あい・ぽーとステーション代表理事として、また子育てひろば＜あい・ぽーと＞の施設長として、社会や地域で子育てを支える活動に従事するかたわら、厚生労働省：社会保障審議会委員・同児童部会会長、内閣府：社会保障制度改革国民会議委員・子ども子育て会議委員なども務める。

著書に『子育てと出会うとき』（ＮＨＫ出版）、『母性愛神話の罠』（日本評論社）、『「子育て支援が親をだめする」なんて言わせない』（岩波書店）など多数。

装丁・装画　蒲原元

「人生案内」孫は来てよし、帰ってよし

2013年5月30日　初版印刷
2013年6月10日　初版発行

著　者　大日向雅美
　　　　読売新聞東京本社
発行者　小林悠一
発行所　**株式会社　東京堂出版**
　　　　〒101-0051　東京都千代田区神田神保町1-17
　　　　電話03-3233-3741　振替00130-7-270
　　　　http://www.tokyodoshuppan.com

ＤＴＰ　株式会社明昌堂
印刷所　東京リスマチック株式会社
製本所　東京リスマチック株式会社

ISBN978-4-490-20831-3 C0077　Printed in Japan